国家骨干院校重点建设专业校企合作教材

Qinghai Lüyou Jingdian Zongshu
青海旅游景点综述

李庆江　主　编
孙明远　方建国　副主编

人民交通出版社
China Communications Press

内 容 提 要

本教材作为青海交通职业技术学院旅游管理专业核心技术课程用书,适合课程建设过程中按照"工作导向、项目引领、任务驱动"总体要求,适应旅游岗位工作的需要,教学情景的设计以岗位工作任务为载体,以实际的工作步骤为依据,将相关理论知识分解嵌入到各个情景中。本教材将青海主要旅游景区景点内容分为六大项目:项目一为大美青海——青海省省情;项目二为"夏都"西宁旅游区;项目三为环"夏都"西宁旅游圈;项目四为格尔木;项目五为三江源;项目六为天路。每一项目又分别设计若干任务,融知识、理论、实践为一体,引导学生积极思考,参与实践,激发学生的学习热情,培养学生的实际操作能力。

本书内容实用性强,既可作为青海高职高专学校和中职学校旅游原理专业景点模拟讲解实训教材,还可作为青海导游资格证考证参考用书。

图书在版编目(CIP)数据

青海旅游景点综述 / 李庆江主编. —北京:人民交通出版社,2014.9
国家骨干院校重点建设专业校企合作教材
ISBN 978-7-114-11201-0

Ⅰ.①青… Ⅱ.①李… Ⅲ.①景点–介绍–青海省–高等职业教育–教材 Ⅳ.①K928.704.4

中国版本图书馆 CIP 数据核字(2014)第 032327 号

国家骨干院校重点建设专业校企合作教材
书　　名:**青海旅游景点综述**
著 作 者:李庆江
责任编辑:刘　倩
出版发行:人民交通出版社
地　　址:(100011)北京市朝阳区安定门外外馆斜街 3 号
网　　址:http://www.ccpress.com.cn
销售电话:(010)59757973
总 经 销:人民交通出版社发行部
经　　销:各地新华书店
印　　刷:北京市密东印刷有限公司
开　　本:787×1092　1/16
印　　张:5.75
字　　数:140 千
版　　次:2014 年 9 月　第 1 版
印　　次:2018 年 3 月　第 2 次印刷
书　　号:ISBN 978-7-114-11201-0
定　　价:16.00 元

(有印刷、装订质量问题的图书由本社负责调换)

青海交通职业技术学院

旅游管理专业校企合作教材编审委员会

主 任 委 员　李文时

副主任委员　刘建明　王海春　赵丽华　朱亚琪
　　　　　　　杨成才（企业）

编　　　委　甄小明　李庆江　许春英　韦彩萍
　　　　　　　刘玲玲　王　勇　李沛梅（中职教师）
　　　　　　　孙明远（企业）　宋启红（企业）

序

根据教育部2006年第16号《关于全面提高高等职业教育教学质量的若干意见》等文件精神，高等职业院校要及时跟踪市场需求的变化，主动适应区域、行业经济和社会发展的需要，把工学结合作为高等职业教育人才培养模式改革的重要切入点，带动专业建设与发展。基于此，与高等职业教育对应的教材也必须有自己的体系和特点，体现高等职业教育的职业性，凸显教材的实践性、应用性和针对性。

青海交通职业技术学院旅游管理专业作为国家骨干高职院校重点建设专业，围绕服务区域经济和社会发展的目标，主动适应青海旅游经济发展的要求，为此，通过与省内外大型旅游企业进行多层次合作，构建、创新并实施了"校企融通、五段递进"的人才培养模式。为满足这一新型人才培养模式的教学需要，适应高职教育发展及其对教育改革和教材建设的需要，青海交通职业技术学院组织青海省从事高等职业教育教学第一线的骨干教师，长期工作在行业、企业一线，具有丰富经验的专家，共同编写了《青海旅游地理》《青海旅游景点综述》《青海旅游英语》3本工学结合特色旅游教材。

这套工学结合教材，以培养适应职业岗位需求的高端技能型人才为目标，依据"工作导向、项目引领、任务驱动"的总体要求选定内容，突出以学生为本的特点，贴近学生，贴近岗位，贴近职业环境要求，注重将行业标准渗透到教材体系中。教材编写组对教材结构进行了重组，力求教材内容体系反映高等职业教育体系改革方向，反映当前教学的新内容，突出理论知识的应用和实践技能的培养；在兼顾理论和实践内容的同时，把握基础理论，以应用为目的，以必要、够用为尺度的原则，尽量体现新知识和新方法，以利于培养学生综合素质的形成和科学思维方式和创新能力的培养，并促进学生就业，从而达到"以就业为导向"和因材施教的目标要求。

青海交通职业技术学院
国家骨干院校重点建设专业校企合作教材编审委员会
旅游管理专业建设委员会
2012年12月

前　言

根据《青海交通职业技术学院"十二五"专业建设规划》，依托青海交通运输职教集团，适应区域旅游行业特点，在专业建设委员会的指导下，坚持产学紧密合作、工学深度融合，邀请企业专家共同开发工学结合教材。

通过对旅游管理专业人才需求分析，确定岗位工作任务和职业核心能力，以工作过程为导向，以工作任务为引领确定学习领域，以实践活动为主线改革教材内容及教学方法，将专业教材内容与职业资格要求结合起来，将专业技能训练与行业岗位需求结合起来，为推进青海交通职业技术学院高职"校企融通、五段递进"人才培养模式和加快旅游服务一线需要的技能人才提供坚实保障。

本教材作为青海交通职业技术学院旅游管理专业核心课程用书，适合课程建设过程中按照"工作导向、项目引领、任务驱动"总体要求，适应旅游岗位工作的需要，教学情景的设计以岗位工作任务为载体，以实际的工作步骤为依据，将相关理论知识分解嵌入到各个情景中。

本教材是工学结合特色教材，是以青海地陪在参观游览讲解过程中的服务工作任务为导向，将青海主要的旅游景区景点内容分为六大项目：项目一为大美青海——青海省省情；项目二为"夏都"西宁旅游区；项目三为环"夏都"西宁旅游圈；项目四为格尔木；项目五为三江源；项目六为天路。每一项目又分别设计若干任务。融知识、理论、实践为一体，引导学生积极思考，参与实践，激发学生的学习热情，培养学生的实际操作能力。

本教材由青海交通职业技术学院李庆江担任主编，由青海黄河旅游文化有限公司副总经理、全国名导孙明远，青海交通职业技术学院方建国担任副主编，参与编写的还有青海交通职业技术学院许春英、张婷婷。

在此感谢专业建设委员会对本教材的编写工作给予的悉心指导，感谢青海省旅游协会秘书长卢方，青海交通职业技术学院管理工程系主任雷培宁、副主任朱亚琪，教研室主任赵丽华提出的宝贵意见，还要感谢刘玲玲、王延荣、孟珊老师所做的大量基础性工作。

在本教材编写过程中，参阅了大量国内相关资料、著作及有关网站信息，在此向相关人员表示衷心的感谢。

由于作者水平有限，时间仓促，教材当中难免会有不当之处，敬请广大读者不吝赐教。

编　者
2012 年 12 月

目　录

项目一　大美青海——青海省省情 ··· 1

项目二　"夏都"西宁旅游区 ·· 6
 任务一　土楼观讲解 ·· 6
 任务二　西宁东关清真大寺讲解 ·· 9
 任务三　青海省博物馆讲解 ··· 13
 任务四　中国藏医药文化博物馆讲解 ··· 15
 任务五　马步芳公馆(馨庐公馆)讲解 ··· 18
 任务六　塔尔寺讲解 ·· 19
 任务七　丹噶尔古城讲解 ·· 28

项目三　环"夏都"西宁旅游圈 ·· 31
 任务一　日月山讲解 ·· 31
 任务二　青海湖讲解 ·· 34
 任务三　原子城讲解 ·· 38
 任务四　互助土族风情讲解 ··· 42
 任务五　柳湾彩陶讲解 ··· 45
 任务六　热贡艺术讲解 ··· 48
 任务七　隆务寺讲解 ·· 51
 任务八　坎布拉国家地质(李家峡)景区讲解 ··· 53

项目四　格尔木 ·· 56
 任务一　盐城格尔木讲解 ·· 56
 任务二　察尔汗盐湖讲解 ·· 59
 任务三　青海情人湖——可鲁克湖和托素湖讲解 ··· 60

项目五　三江源 ·· 62
 任务一　三江源自然保护区讲解 ··· 62
 任务二　贝纳沟文成公主庙讲解 ··· 66
 任务三　国家地质公园年保玉则讲解 ··· 67

项目六　天路 ··· 70
 任务一　青藏公路讲解 ··· 70
 任务二　青藏铁路讲解 ··· 72

附录 ··· 78

参考文献 ··· 79

项目一　大美青海——青海省省情

　　青海省地大物博,是千水之源、万山之宗,长江、黄河、澜沧江发源于此,昆仑山、唐古拉山、祁连山纵横南北。这里高天厚土、雄奇伟岸,屹立于世界第三极——青藏高原。这里自然风光雄奇壮美,历史遗存源远流长,民族风情绚丽多彩,宗教文化神秘独特,自然资源富集丰厚。

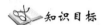 知识目标

1. 熟悉青海地理位置、人口状况、民族宗教文化;
2. 掌握青海自然资源、旅游资源。

 技能目标

1. 能根据旅游景区景点收集整理相关素材;
2. 掌握导游词写作程序,能准确生动地设计和写作导游词;
3. 能准确地使用讲解方法,技巧娴熟;
4. 能正确地使用景观的鉴赏方法,具有基本的赏析能力。

素质目标

1. 培养学生良好的学习习惯;
2. 培养学生具有准确清晰、自然流畅、生动有感染力的语言表达能力;
3. 培养学生的沟通能力;
4. 培养学生不断追求知识、独立思考、勇于自谋职业和创新的精神。

一、青海地理位置

1. 情景模拟

时间:2013年7月1日;

地点:西宁市;

人物:地陪小李;

事件:地陪小李接待一个旅游团队,在行程的第一天,小李向旅游团团员介绍青海省的地理位置。

2. 角色扮演

小李:正如大家所知,青海的地理位置非常独特,对内地的朋友来说,青海是边疆,对边疆的朋友来说,青海是内地。青海是西藏、新疆连接内地的重要纽带之一,也是我国西部地区的地理中心区域。

(1)青海省位于西北地区中南部_____

_____;

(2)青海省位于青藏高原的东北部_____
_____。

3. 实训提示

(1)青海省位于中国西北地区中南部(东经89°35′~103°04′,北纬31°39′~39°19′),其北部和东部同甘肃省相连,东南部与四川省相接,南部和西南部同西藏自治区接壤,西北部和新疆维吾尔自治区为邻。青海省东西长约1200km,南北宽约800km,面积约72.23万平方公里,仅次于新疆、西藏和内蒙古,居全国第四位。

(2)青海省位于青藏高原的东北部,因境内有全国最大的内陆咸水湖——青海湖而得名。

二、青海人文概况

1. 情景模拟

时间:2013年7月1日;

地点:西宁市;

人物:地陪小李、游客甲;

事件:地陪小李在行程的第一天向游客进行青海人文概况讲解。

2. 角色扮演

小李:青海是一个多民族地区,少数民族聚居区占全省总面积的98%。

游客甲:那青海有多少个少数民族? 都是哪些民族?

小李:(1)青海是个多民族省份,民族成分有43个,_____
_____。

(2)青海也是个多宗教的省区,_____
_____。

3. 实训提示

(1)青海是个多民族省份,民族成分有43个,有汉族、藏族、回族、土族、撒拉族和蒙古族6个世居民族。少数民族人口占全省总人口的46.98%,少数民族人口比重仅次于西藏和新疆,居全国第三位。

(2)青海也是个多宗教的省区,藏族、土族、蒙古族以及一部分汉族信仰藏传佛教,回族、撒拉族信仰伊斯兰教,基督教、天主教、道教和苯教也拥有一定的信教群众。

4. 阅读资料

青海省2010年第六次人口普查主要数据如下:全省常住人口为5626722人,全省常住人口中,男性人口为2913791人,占51.78%;女性人口为2712931人,占48.22%。

全省常住人口中,汉族人口为2983516人,占53.02%;少数民族人口为2643206人,占46.98%。其中:藏族1375062人,占24.44%;回族834298人,占14.83%;土族204413人,占3.63%;撒拉族107089人,占1.90%;蒙古族99815人,占1.77%;其他少数民族22529人,占0.40%。

同2000年第五次人口普查相比,2010年第六次人口普查时汉族人口增加了160211人,增长了5.67%;少数民族人口增加了284951人,增长了12.08%。少数民族人口比重由45.51%提高到46.98%。

全省州(地、市)常住人口地区分布如下表所示。

全省州（地、市）常住人口地区分布

地 区	人口数（人）	比重（%）		人口密度（人/km²）
		2000年	2010年	
西宁市	2208708	38.20	39.25	295.60
海东地区	1396846	29.34	24.82	106.14
海北藏族自治州	273304	5.34	4.86	6.94
黄南藏族自治州	256716	4.35	4.56	14.32
海南藏族自治州	441689	7.75	7.85	9.62
果洛藏族自治州	181682	2.71	3.23	2.38
玉树藏族自治州	378439	5.19	6.73	2.00
海西蒙古族藏族自治州	489338	7.12	8.70	1.50

三、青海资源概况

1. 情景模拟

时间：2013年7月1日；

地点：西宁市；

人物：地陪小李；

事件：地陪小李在行程的第一天向游客进行青海资源概况讲解。

2. 角色扮演

小李：大家好！欢迎来到大美青海观光旅游，青海自然风光雄奇壮美，历史遗存源远流长，民族风情绚丽多彩，宗教文化神秘独特，自然资源富集丰厚。

（1）_____
_____。
（2）_____
_____。
（3）_____
_____。
（4）_____
_____。
（5）_____
_____。

3. 实训提示

青海省土地面积72.23万平方公里，其中耕地面积只占0.81%，是全国五大牧区之一。

（1）青海的野生动植物资源种类繁多。现已查明全省野生动物有270多种，经济兽类110种，鸟类292种，鱼类40余种。目前，青海有69种被列为国家一、二级重点保护动物，其中，高原珍稀动物有野骆驼、野牦牛、藏野驴、藏羚羊、盘羊、天鹅、白唇鹿、雪豹、黑颈鹤、鼠羚、梅花鹿、藏雪鸡、麝等。鱼类中，湟鱼是一种古老的鱼类，学名叫青海湖裸鲤，产于青海湖。因为青海湖地理和气候的原因，生长十分缓慢，一般10年左右才能长一斤。由于人们乱捕滥捞，湟鱼资源破坏很严重。为了保护这种野生鱼类资源,青海省政府于1994年开始封湖育鱼,目前情况已得到了明显改善。

植物资源除了森林、草场外,野生植物资源也很丰富。已发现的野生经济植物有75科、331属、947种。特别是药用植物遍及全省,约680种,其中冬虫夏草、大黄、贝母、枸杞、甘草、雪莲、藏茵陈、佛手参、羌活、莨菪、麻黄、黄芪等在国内外享有盛名。还有被誉为人参果的蕨麻、有"维生素C之王"美称的沙棘制品等,均已成为享誉中外的青海特产。

(2)青海是一个矿产资源富饶的大省,全省矿产资源人均占有量是全国人均占有量的50倍,名列全国首位。现已发现各类矿产127种,在已探明的矿产资源储量中,有54种矿产居全国前10位,其中锂、镁、锶、钾盐、芒硝、石棉、化工灰岩、硅石等10种储量居全国首位。

(3)青海水电资源丰富,居全国第五位。青海省是黄河、长江和澜沧江的发源地,水的面积达到500km²以上的河流有278条,水资源总量629亿立方米,最大可利用水量136亿立方米。可装机1万千瓦以上的河流有108条,理论上的水能蕴藏量达2183万千瓦。特别是黄河上游,由于水流落差大,黄河从龙羊峡到寺沟峡360km河段上,水流落差达865m,可分布建成中型水电站7座,大型水电站6座,这13座大中型水电站总装机容量为1150万千瓦,占黄河上游水电可开发容量的58%。

(4)能源矿产丰富。青海的煤炭资源主要分布在祁连山、柴达木盆地、大通河流域和湟水谷地,储量43.48亿吨。现已探明石油储量达4.08亿吨,天然气4005亿立方米。青海还有丰富的太阳能和风能,有着广阔的开发利用前景。

(5)旅游资源富集丰厚。青海的自然景观有:中国最美的湖泊——青海湖,中国最大的盐湖——察尔汗盐湖,素有黄河源头姊妹湖之称的扎陵湖和鄂陵湖,青海的情人湖——托素湖和可鲁克湖。青海平均海拔在4000m以上,雪峰林立,景色十分壮观,有中华水塔美誉的三江源自然保护区,高原精灵藏羚羊的故乡可可西里自然保护区,黑颈鹤重要迁徙地之一的隆宝滩自然保护区,鬼斧神工般的坎布拉国家地质公园,中国八大重要鸟类自然保护区之一的青海湖鸟岛。横亘在青海境内的孕育出昆仑文化的昆仑山脉高大峻伟,祁连山秀美如画,巴颜喀拉山博大雄浑,阿尼玛卿峰形如白色帐幕,各拉丹冬峰似童话般晶莹。还有中国最美草原之一的祁连山大草原,令人神往的金银滩大草原,辽阔激情的青海大草原等。被誉为"夏都"的省会城市西宁,是名副其实的全国最大避暑胜地,其景色也是千姿百态。

人文景观除了高原"夏都"西宁之外,还有金碧辉煌的神秘藏传佛教圣地塔尔寺,被誉为青藏高原"小故宫"的瞿昙寺、"热贡艺术之乡"的同仁县藏传佛教圣地隆务寺、"彩虹之故乡"的互助县朝佛圣地佑宁寺、见证汉藏一家亲的文成公主庙等。青海的伊斯兰教清真寺有近千座,其中以西宁东关清真大寺、平安洪水泉清真寺和循化街子清真寺最为著名。

从历史上看,青海有着多元文化,其中乐都柳湾遗址是我国考古重大发现之一,那里被誉为"彩陶王国",出土了大量彩陶器,包括马家窑、齐家、卡约等文化类型,在国内外享有盛名。位于柴达木盆地的都兰大墓葬群中出土的大量文物,见证了兴起于隋唐两代长达550年之久的吐谷浑王朝和吐蕃王朝在青海的历史。

青海各世居民族的文化艺术也很引人注目。代表康巴舞蹈的玉树藏族歌舞风格独特,集中展现了藏族人民的精神面貌和生生不息的民族传承。藏族民间说唱艺术的代表——《格萨尔》,是藏族民间文化的精华,也是藏族社会、历史的"百科全书"。

习题

1. 导游词一般由哪几部分构成？
2. 省情讲解应在何时进行为好？
3. 青海省每平方公里多少人？
4. 青海省 AAAAA 级景区、AAAA 级景区、AAA 级景区、AA 级景区各有几家？
5. 为何称青海省为"大美青海"？

项目二 "夏都"西宁旅游区

知识目标

掌握"夏都"西宁主要的土楼观、西宁东关清真大寺、青海省博物馆、中国藏医药文化博物馆、馨庐公馆(马步芳公馆)、塔尔寺、丹噶尔古城等景点基础知识。

技能目标

1. 能根据旅游景区景点收集整理相关素材;
2. 能准确生动地设计和撰写土楼观、西宁东关清真大寺、青海省博物馆、中国藏医药文化博物馆、馨庐公馆(马步芳公馆)、塔尔寺、丹葛尔古城等景点导游词,并能全面正确、条理清晰、详略得当地讲解;
3. 能准确地使用讲解方法,技巧娴熟;
4. 能正确地使用景观的鉴赏方法,具有基本的赏析能力。

素质目标

1. 培养学生良好的学习习惯和学习方法;
2. 培养学生具有准确清晰、自然流畅、生动有感染力的语言表达能力;
3. 培养学生的沟通能力;
4. 培养学生不断求知识、独立思考、勇于自谋职业和创新的精神。

任务一 土楼观讲解

知识目标

1. 了解土楼观的传说;
2. 熟悉土楼观的历史沿革;
3. 掌握土楼观的建筑格局。

技能目标

1. 能对土楼观景点进行导游词创作;
2. 能对土楼观景点进行导游讲解。

一、土楼观的由来

1. 情景模拟

时间:2013年7月10日;
地点:西宁市北山寺;

人物:地陪小王;

事件:地陪小王带领一个旅游团队,在行程中向游客介绍土楼观的由来。

2.角色扮演

小王:今天我带大家前往的是被誉为"西平莫高窟"和"西北第二大悬空寺"的北禅寺——土楼观,又称北山寺。

(1)_____

_____。

(2)_____

_____。

3.实训提示

(1)土楼观位于西宁市城北区的土楼山(史称凤翼山,俗称北山),地处湟水河的北岸,处于西川、南川、北川三川交汇处。据史书记载,早在东汉时这里就建有"土楼神祠",到现在有将近两千年的历史了。东晋时期,就有著名高僧在此讲经、宣扬佛法。直到唐代,土楼观成为主要佛教活动的场所。土楼现在明代时,明成祖朱棣赐名为"永兴寺",后更名为"北禅寺"。1985年土楼观被列为西宁重点文物保护单位;1986年又定为省级重点文物保护单位。

(2)在当地百姓中,广泛流传着土楼观是为纪念汉朝时护羌校尉邓训而修建的说法。当时,羌人居住湟水河两岸,汉王朝为开疆拓土,对湟水河流域进行征伐,羌汉之间结怨,他采取招抚羌人的办法,深入羌人民众中,了解民众的疾苦,为民众排忧解难,以得民心。民众开始休养生息,社会生活趋于安定。后来邓训去世后,西宁地区民众为了纪念他,在土楼山修建了土楼神祠。

4.阅读资料

西 宁 市

西宁是一座有着2100多年历史的高原古城。在汉武帝以前,西宁一带是羌人的游牧地。公元前121年,霍去病将军在此建立了西平亭,公元214年改为西海郡,公元619年称鄯州,宋朝称西宁州,明代称西宁卫,清代称西宁府,1929年正式定名为西宁市。

西宁市地处青藏高原的边缘,位于青海省东部地区,黄河支流湟水河的上游,是青海省的省会城市,是青海省政治、经济、文化、科技、商贸中心。西宁市现辖五区三县,土地面积7373km^2,市区350km^2,平均海拔2295m。

西宁是丝绸之路青海道沟通中原与西部边地的重要城镇,也是历史上"唐蕃古道"必经之地。现今是青藏公路和青藏铁路的起点。

西宁年平均气温5.5℃,年降水量371mm,相对湿度58%,年日照2742h。夏季最高气温约30℃,早晚温差大。但西宁市被群山环抱,冬无严寒,夏无酷暑,气候宜人,是天然的避暑胜地。

二、"闪佛"的传说

1.情景模拟

时间:2013年7月10日;

地点:西宁市北山山脚;

人物:地陪小王,游客乙;

事件:地陪小王向游客讲解"闪佛"的传说。

2. 角色扮演

小王:请游客朋友们顺着我手指的方向看,那座山崖像什么?

游客乙:好像一座佛像哎!

小王:对了,它就是当地百姓说的"闪佛"。

_____

_____。

3. 实训提示

"闪佛"也称天然大佛、露天金刚。相传古时西宁北山上植被繁茂,人们在山下依山而居,过着安乐祥和的生活。突然有一天,北山上一个窟穴中窜来两个妖魔,长得肥头大耳,脖颈上长着坚硬鬃毛,口冒毒烟,经常兴风作浪,一到夜间便窜到村子里,专吃童男童女。在这两妖的蹂躏之下,老百姓苦不堪言。西王母得知此事,便带护卫金刚降伏二妖,二妖魔拼命反抗蹬踹,一时间山摇地动,土楼山摇摇欲坠,这时候护卫金刚用身体挡住了将要塌落的山崖。西王母使法力让二妖现出原形,原来是一公一母的两头猪,西王母又使法力让二妖化作两道岭,这就是西宁北山的两道岭——公猪岭和母猪岭。自此后,护卫金刚便留下来护住山崖,这就是今天我们看到的"闪佛"。

三、土楼观的建筑格局

1. 情景模拟

时间:2013 年 7 月 10 日;

地点:北山寺;

人物:地陪小王;

事件:地陪小王向游客介绍土楼观的建筑格局。

2. 角色扮演

小王:各位游客,下面请跟随我一同进入土楼观。首先映入我们眼帘的是山门。山门两侧绘有青龙和白虎图案的壁画。进入山门便到了宫殿——道教的护法神殿,殿内供奉的是王灵官,他一手持有神目,分辨善恶;一手持有神鞭,惩恶锄奸。

(1)_____

_____

(2)_____

_____。

(3)_____

_____。

(4)_____

_____。

3. 实训提示

(1)城隍祠内供奉的就是当年羌人曾经供奉过的护羌校尉邓训将军塑像,因为他深得民心,被后世尊为西宁城隍。

(2)"九窟十八洞"是形容土楼山洞窟之多,实际上这里有大大小小 99 座洞窟,其中还有 27 个洞中洞。玉皇阁内供玉皇大帝,张天师、葛天师侍立左右。下方为无量洞,供奉有无量祖师。七真洞供的是丘处机、谭处端、马钰等历史上的道教名士。三官洞进深 5m,宽 2m,高达 2.5m,供奉有尧(天官)、舜(地官)、禹(水官)。三师洞供奉无量祖师(也称真武)、文昌帝君和张天师塑像。菩萨殿,殿内有洞,殿前悬崖上修建环廊,供有佛教的阿弥陀佛、观世音菩萨和大势至菩萨像。三宝殿内供奉有观音、文殊和普贤三大菩萨。

(3)沿栈道内壁有圣母洞,洞内有九天圣母像,内有套洞,供奉灵官像。据传,灵官是宋朝的方士,明朝朱棣封为隆恩真君,成为道教的镇山之神,道教请神"驱魔降妖",一般请的是马灵官(亦作马天君、华光天王、华光大帝)、赵元帅(赵公明)、温元帅(温琼)和关元帅(关羽)。

(4)关帝洞,主洞进深近6m,高宽各3m,西侧有洞中洞,沿坡而上折向北面,洞中洞高约3m多,深超过20m,里面又有5个小洞,洞高都在3m左右,宽2m左右。主洞供关圣帝君观《春秋》的塑像,关平和周仓侍立左右。

关帝洞内5小洞,一是鲁班洞,供奉木匠的祖师爷鲁班和画匠的祖师爷台苑的神像;二是医病洞,内供华佗、孙思邈神像;三是财神洞,内供赵公元帅,人们祈求财源茂盛,就到这个洞拜财神;四是送子娘娘洞,也叫黑虎洞,内供送子娘娘和赵黑虎的神像;五是麒麟洞,内有童鞋、香包等物,旧时求生儿女的妇女就到洞中摸鞋,生了儿女再到洞中还愿,制作鞋等送到洞中。

4. 阅读资料

宁 寿 塔

宁寿塔,又称多宝宁寿塔,在土楼观的山顶。这座古塔传说建于明代。塔是五檐六面实心砖体。2000年9月1日西宁市文物管理所易地重修,并立了碑记。1986年青海省人民政府公布宁寿塔为省级文物保护单位。

习题

1. 道教的渊源是什么?
2. 道教的建筑布局是怎样的?
3. 道教崇拜的神仙主要有哪些?
4. 为何称西宁为"夏都"?
5. 当堂布置下次课的项目及任务,学生进行准备。

任务二 西宁东关清真大寺讲解

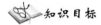
知识目标

1. 熟悉西宁东关清真大寺的历史沿革;
2. 了解伊斯兰教的教义;
3. 掌握西宁东关清真大寺的建筑讲解要领。

技能目标

1. 能对西宁东关清真大寺景点进行导游词创作;
2. 能对西宁东关清真大寺景点进行导游讲解。

一、西宁东关清真大寺的地理位置及由来

1. 情景模拟

时间:2013年7月11日;

地点:前往西宁东关清真大寺的旅游大巴上;

人物:地陪小赵;

事件:地陪小赵带领一个旅游团队,在行程中向游客介绍西宁东关清真大寺的位置及由来。
2. 角色扮演
小赵:今天我带大家前往的是有着"陇上清真寺之冠"美誉的西宁东关清真大寺。该寺建成距今已有600多年的历史。

(1)_____
_____。
(2)_____
_____。

3. 实训提示
(1)西宁东关清真大寺位于湟水河南岸,地处西宁市东关大街,并因此而得名。该寺与西安化觉巷清真寺、兰州桥门清真寺、新疆喀什艾提卡尔清真寺并称为西北四大清真寺。
(2)西宁东关清真大寺建于公元1380年的明洪武年间。传说明太祖朱元璋分封开国功臣回族将领沐英为西平侯,镇守今甘青地区。在西宁居住的穆斯林和宗教人士请求沐英奏请朝廷允准,在回族聚居的东关地区修建一座清真寺。朱元璋颇得治理边塞之道,深知强权统治不能长久,不如改施怀柔政策为妥,寓皇权于神权之中,更有其神威。于是,准奏沐英兴建东关清真寺,并亲自题写了《百字赞》。

4. 阅读资料

故不都兰巴尼

元朝初年,有个名叫故不都兰巴尼的伊拉克巴格达人,随成吉思汗征服西亚后,从云南到青海传经布道,在西宁归真。西宁地区的回族为纪念这位伊斯兰教贤哲,在西宁凤凰山为他修建陵墓(穆斯林称之为"拱北"),故不都兰巴尼是青海传播伊斯兰教的第一人。

二、伊斯兰教的六大信仰和五大功课

1. 情景模拟
时间:2013年7月11日;
地点:前往西宁东关清真大寺的旅游大巴上;
人物:地陪小赵、游客丙;
事件:地陪小赵向游客解说伊斯兰教的六大信仰和五大功课。

2. 角色扮演
小赵:游客朋友们,大家都知道伊斯兰教是世界三大教之一……
游客丙:赵导,我对伊斯兰教不太熟悉,你能不能说说伊斯兰教都信仰什么?
小赵:好的!
(1)_____
_____。
(2)_____
_____。

3. 实训提示
(1)伊斯兰教的六大信仰:信真主、信天仙、信经典、信圣人、信复生和信前定。
信真主,认为真主是唯一的神主,他永生自存,无形无样,无所在而无所不在,无配偶,不生育也不被生,能听、能视、能知、能察,一切人的想象和行为,他都了如指掌,他创造一切、主宰一切,他大仁、大慈、大公、大德、宽厚多恕等。

信天仙,认为天仙是真主用光创造出来的居住在另一个世界的妙体。每个人两肩各有一个天仙,左肩记录人一生的善行,右肩记录人一生的罪恶,末日时一并清算,赏善罚恶。

信经典,即信真主通过穆罕默德降示的《古兰经》和其他圣人的经典。

信圣人,也称信使者,伊斯兰教认为,在穆罕默德之前,就有若干圣人给世人传真主的旨意,穆罕默德是真主的最后一位使者,他具有其他圣人所没有的德行和奇迹,因此穆斯林要忠诚不渝地信仰圣人。

信复生,认为整个宇宙及一切生命将都全部毁灭,然后真主使一切生命复活,并作最终判决,行善的进入乐园,作恶的坠入地狱。

信前定,认为每个人的生、死、祸、福、善、恶、美、丑都是真主事先决定好了的。

(2)伊斯兰教的五大功课:念、礼、斋、课、朝。

念功,指念诵"清真言"。

礼功,通称礼拜,是穆斯林向真主表示感恩、赞美、恳求和禀告的一种宗教仪式,借此祈福免灾,保持心灵纯净。礼拜前应作"净礼",除沐浴净身外,还要穆斯林穿衣整洁干净,礼拜场所要洁净卫生,不能有任何一点杂物和不干净的东西。

斋功,也叫斋戒,俗称"封斋"或"把斋",伊斯兰教教历九月为斋戒日,穆斯林封斋一个月,在每天日出前一个半小时到日落前,戒绝一切饮食。

课,就是以真主的名义向教徒们征收的一种宗教课税,起初是自愿捐助,用以救济贫穷和生活困难的人,后穆罕默德把天课规定成信徒们必须遵守的"天命"。

朝觐,规定凡身体健康、有经济能力的男女穆斯林一生之内要去麦加朝觐克尔白至少一次,日期是伊斯兰教教历12月7日到12日。

4.阅读资料

清真言:"万物非主,唯有真主,穆罕默德是真主的使者"。

穆斯林规定每日有五时礼拜,即:每日的晨礼,天刚亮;响礼,中午刚过;晡礼,日偏西;昏礼,日落至天黑;宵礼,夜晚。

麦加城中有一座当代世界上最大的清真寺,它能容纳50万穆斯林做礼拜,寺外广场上是克尔白圣殿,也称天房,这是一座长20m、高15m、宽10m的建筑物,殿墙上高1.5m的地方嵌放着一块直径约30cm的黑陨石。"克尔白"是穆斯林朝拜的中心。

三、西宁东关清真大寺的建筑格局

1.情景模拟

时间:2013年7月11日;

地点:西宁东关清真大寺;

人物:地陪小赵;

事件:地陪小赵向游客讲解西宁东关清真大寺的建筑格局。

2.角色扮演

小赵:各位游客,下面跟随我一同参观西宁东关清真大寺。据历史记载,西宁东关清真大寺始建于公元1380年。首先映入我们眼帘的是大寺前门大楼。

(1)_____
_____。

(2) _____

(3) _____

(4) _____

3. 实训提示

(1) 该寺是1998年5月14日动工修建的,工程历时两年,耗资1300多万元,这幢雄伟高大的连廊式伊斯兰建筑风格的六层高楼,是一座具有浓厚伊斯兰建筑艺术风格的大楼,建筑面积12370m²。前门大楼建有5个门,中门是正门,正门主楼的正中镶刻着醒目耀眼的"西宁东关清真大寺"字样,楼顶西侧各建一个高达60m的圆拱顶式宣礼塔。每逢古尔邦节、开斋节和周五主麻日会礼,还有每天早晨5时左右的晨拜礼,阿訇❶会站在宣礼塔的最高层口念礼拜词,召唤穆斯林到寺院来做礼拜,所以宣礼塔也叫唤醒楼。

主楼临街北侧为6层商贸综合大楼。主楼正门,楼高3层,进主楼大殿,有花岗岩铺成的16级石阶。在主楼的北侧,楼高6层,是铺面和综合大楼;在主楼的南侧,高5层,为教职人员和满拉❷的宿舍及教室。

(2) 新建的前门主楼大殿,宽10m,长67m,也叫礼拜殿。北侧是明太祖朱元璋亲笔御题的《百字赞》碑。

(3) 通过宣礼塔下的重五门就到了宽阔的礼拜广场,这个礼拜广场占地约2.8万平方米,广场可容纳近2万人做礼拜。广场南北各有一幢全木制2层楼房结构的厢房,北面的厢房楼上是储藏经典的地方,西头2间是贵宾接待室。楼下原是寺管会办公室和满拉的宿舍,现已改为满拉的学经教室。南厢房为礼拜堂。

(4) 礼拜大殿位于广场西面正中的这座古代宫殿式的大殿,是寺院的核心。这座宫殿式的大殿占地面积为1120m²,大殿可容纳1500人。从外形看,它就像一只凤凰展开了单翅,穆斯林群众风趣地赞美这座大殿的外形叫"凤凰单展翅"。大殿的结构也叫五转七式,意思是看似5间,实为7间,殿堂内外都铺以木板,木板上铺有长近20m的花绿地毯30多条。

4. 阅读资料

明太祖朱元璋亲笔御题的《百字赞》

乾坤初始	天籁注名	传教大圣	降生西域	授受天经
三十部册	普化众生	亿兆君师	万圣领袖	协助天运
保庇国民	五时祈佑	默祝太平	存心真主	加志穷民
拯救患难	洞彻幽冥	超拔灵魂	脱离罪孽	仁覆天下
道冠古今	降邪归一	教名清真	穆罕默德	至贵圣人

习题

1. 伊斯兰群众的禁忌有哪些?
2. 宣礼塔是干什么用的?
3. 青海回族都有哪些重要的民俗节日?分别进行讲解。

---

❶ 阿訇(hōng)是伊斯兰教主持教仪、讲授经典的人。
❷ 满拉是中国伊斯兰教清真寺经堂学校学生的称谓。

任务三　青海省博物馆讲解

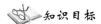知识目标

1. 熟悉青海省博物馆的历史沿革；
2. 熟悉青海省博物馆的藏品；
3. 掌握博物馆的导游讲解要领。

技能目标

1. 能对青海省博物馆进行导游词创作；
2. 能对青海省博物馆进行导游讲解。

一、青海省博物馆的位置及由来

1. 情景模拟

时间:2013年7月12日；

地点:青海省博物馆；

人物:地陪老方；

事件:地陪老方为第一次到青海的旅游者介绍青海省博物馆的位置及由来。

2. 角色扮演

老方:现在大家来到了青海省博物馆,整个建筑采用传统的中轴对称结构,具有浓郁的地方民族特色。这是青海第一座具有现代化功能的大型博物馆,总面积20800m²,内设主、侧展厅9个,展出面积9146m²。

（1）_____

_____。

（2）_____

_____。

3. 实训提示

（1）博物馆于1979年筹建,1986年9月26日正式建馆,旧址位于西宁市城东区为民巷41号,原青海地方军阀马步芳的私人宅邸"馨庐"。1996年9月,被青海省委、省政府命名为"省级爱国主义教育基地",同年10月,被省教委命名为"学校德育教育基地"。1997年,被国家文物局评为"全国爱国主义教育基地"。2001年5月1日,地处于西宁市新宁广场东侧的青海省博物馆新馆正式对外开放。

（2）青海省博物馆现有四个基本陈列:《青海史前文明展》《青海民族文物展》《青海藏传佛教艺术展》和《可爱的青海》。这四个陈列基本上以时代先后为序列,既是青海历史文物的陈列内容,又分别自成体系,各具特色。

青海博物馆的核心景观有《青海省史前文明展》《青海民族文物展》《藏传佛教艺术展》三个展览,曾获得第五届(2001—2002年度)"全国十大精品陈列展"提名奖。《可爱的青海》展览以图片为主,辅之以沙盘模型、动物、矿物标本及先进的声、光、电手段,集中展示了青海的自然风光、丰富的矿藏、水电、石油、天然气等自然资源,尤其是改革开放以后,青海在工、农、牧等各行业取得的辉煌成就及显示出的巨大发展潜力。

4. 阅读资料

青海省博物馆地处西宁市新宁广场东侧（城西区西关大街58号），2005年10月被国家旅游局评为国家4A级旅游景区点。该馆编写有《唐蕃古道史料辑》和《藏传佛教艺术》画册。

二、博物馆藏品

1. 情景模拟

时间：2013年7月12日；

地点：青海省博物馆；

人物：地陪老方；

事件：地陪老方向游客介绍青海省博物馆藏品。

2. 角色扮演

老方：各位游客朋友们，青海省博物馆馆藏的各类文物达47000余件，不少珍品是举世瞩目的国之瑰宝，其中国家一级文物150余件。

(1)＿＿。

(2)＿＿。

3. 实训提示

(1) 青海博物馆珍贵藏品如下。

①铜鎏金观音造像：国宝级文物，由明朝皇帝赐给青海著名的瞿坛寺。观音像高146cm，身姿婀娜，站立在莲花座上，衣饰线条流畅飘逸，面含微笑，表情慈和，遍体鎏金。其铸造工艺代表了明代的最高技术水平。

②舞蹈纹彩陶盆：1975年出土，内壁绘有两组人物手拉手舞蹈的图案，一组13人，另一组11人。该器物构图巧妙、画面简洁、人物造型生动，是我国发现最早的绘有人物舞蹈场面的画面，在艺术发展史上有着极为重要的意义，也是研究中国原始社会人物风情的重要资料。

③扎萨克印："扎萨克"是蒙古语音译，意为"支配者""尊者"，是清代蒙古族地区旗长的称呼。此印是蒙古29旗旗印之一，它是清朝廷管理青海蒙古各部，以及蒙古各旗在青海游牧的历史见证，为研究清代青藏地区的民族关系、政治制度提供了宝贵的实物资料。

④敦煌经卷：该经卷系隋或唐初写就，是佛经《羯摩经》抄本，卷首略有残缺。该抄本纸质较细，有韧性，经过染黄，略有水渍，按纸质色泽行字，皆合隋、唐规制。它用34张宽25.2～26.6cm、长49.3～49.5cm的染黄纸相互连缀而成，全长17m，共计字数约16790字。"羯摩"为梵文译音，意为"作业"，《羯摩经》是一部有关佛教戒律和忏悔内容的经典。

(2) 青海博物馆现有藏品1万多件，其中有旧石器时代的打制石器；新石器时代和青铜器时代的石器、骨器、陶器和铜器；汉、唐时的铜印、铜俑、铜镜、碑刻、写经、木俑、铜钟、波斯银币；元代的纸币、石造像；明、清时期的瓷器、书画等。民族文物中有民族文字铜印、民族服饰，明、清王朝给少数民族地方官员的封诰以及佛经、佛像、唐卡、法器等宗教艺术品。革命文物中有中国工农红军长征经过青海果洛时遗留的公文包、铜锅、军帽等。历代传世的民族文物和宗教艺术品最有特色。

藏品中的裸体人像壶，造型奇特，器物的正面浮雕彩绘有人体全身塑像。另一件舞蹈纹彩陶盆,绘有3组各5人列队舞蹈的场面,表现了原始居民的舞乐生活。这两件距今四五千年的艺术品,是青海数万件彩陶中的典型代表。

该馆曾举办过《青海历史文物展览》,展出文物1000余件,表现从石器时代至封建社会晚期青海地方历史的发展进程。此外,还举办过《藏汉关系文物展览》《藏传佛教文物展览》《历代货币展览》等,其中,《藏传佛教文物展览》曾赴香港展出。

习题

1. 博物馆有哪些功能?
2. 世界四大博物馆具体有哪些?

任务四　中国藏医药文化博物馆讲解

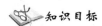

1. 熟悉有关中国藏医药文化博物馆基本知识;
2. 熟悉中国藏医药文化博物馆的藏品;
3. 掌握博物馆的导游讲解要领。

1. 能对中国藏医药文化博物馆进行导游词创作;
2. 能对中国藏医药文化博物馆进行导游讲解。

一、中国藏医药文化博物馆概况

1. 情景模拟

时间:2013年7月13日;

地点:中国藏医药文化博物馆;

人物:地陪老方;

事件:地陪老方为第一次到青海的旅游者介绍中国藏医药文化博物馆概况。

2. 角色扮演

老方:现在大家来到了中国藏医药文化博物馆。该博物馆位于青海生物科技产业园区中心,主体建筑气势宏伟,内涵深邃,以天圆地方的古老主题,对藏式建筑风格高度抽象和再现,融藏族传统建筑风格与现代建筑艺术为一体,与管委会、园区广场形成"三位一体"、统一和谐的城市标志性建筑群。

(1)＿＿。

(2)＿＿。

(3)＿＿。

(4)＿＿。

3. 实训提示

(1) 博物馆占地面积约 200 亩(约 13 万平方米),总投资 1.2 亿余元,建筑面积 12000m²,共 3 层,其中一层为文物库房、设备用房,二、三层为展厅,开设药物标本、藏医医史、医学唐卡、医疗器械、古籍文献、天文历算、彩绘大观 7 个展厅。通过环境重现、唐卡雕塑、文物展示、高科技模拟等方式手法展出动植物、矿物标本 2000 多种,历代著名藏医药学家 30 多位,藏医学特有医学挂图 80 幅,1300 年前传统藏医使用的外科器械 180 多件,藏医药学代表性典籍 1000 多部。

(2) 馆内永久性展出的由当代藏族著名唐卡工艺美术大师宗者拉杰历时 27 年设计策划,组织青、藏、甘、川、滇 5 省区 400 余位藏、蒙、汉、土族顶尖工艺美术师经过 4 年精心创作完成的《中国藏族文化艺术彩绘大观》长卷,该卷长 618m、宽 2.5m,重约 1.5t。以藏族传统绘画技艺用金粉、玉石、珊瑚等珍宝颜料精心绘制而成,已经载入吉尼斯世界纪录。

(3) 藏医药文化博物馆是征集、保护、研究、展示发源于青藏高原地区的藏医药历史文化遗产、藏医药发展进程物证、珍贵文物和藏族文化艺术彩绘的综合性专业博物馆,是我国目前唯一的展示藏医药文化的综合性专业博物馆,也是目前世界上唯一的大型藏医药博物馆。藏医药文化博物馆由青海金诃藏医药集团有限公司投资兴建,得到政府支持,旨在向国内外公众全面展示藏医药的辉煌文化,重现藏医药发展历史,抢救性保护藏医药文化遗产。

(4) 中国藏医药文化博物馆于 2007 年被国家旅游局评为国家 4A 级景点,2009 年被青海省政府命为"省级爱国主义教育基地",已成为青海省文化旅游精品和文化旅游基地之一。

二、中国藏医药文化博物馆主要展馆

1. 情景模拟

时间:2013 年 7 月 13 日;

地点:青海省博物馆;

人物:地陪老方;

事件:地陪老方向游客介绍中国藏医药文化博物馆主要展馆。

2. 角色扮演

老方:各位游客朋友们,前面我给大家介绍了中国藏医药文化博物馆的基本概况,现在随我一同进入博物馆参观欣赏民族文化瑰宝。

(1) _____。

(2) _____。

(3) _____。

(4) _____。

(5) _____。

(6) _____。

3. 实训提示

(1) 藏医史馆:通过藏医药学发展的7个历史时期的介绍及展出的28位历代著名藏医药学家的事迹、塑像和名著及藏式生活用具,勾勒出藏医药发展的辉煌历史轨迹。图文并茂地向人们介绍了作为世界医学宝库中的奇葩——藏医药悠久而灿烂的历史和丰富而博大的医药文献。并通过一位位造诣高深、影响久远的名医和他们对疾病的独到见解和独具特色的治疗方法,展示了作为世界四大传统医学之一的藏医学绚丽多彩的画卷。

(2) 曼唐器械馆:展出的《人体生理和疾病树喻图》《诊断疾病的树喻图》《藏医治疗法树喻图》《人体胚胎发育图》等80幅唐卡,是我国医药学历史上绝无仅有的,在世界医药学史上也是罕见的。通过这些唐卡和传统藏医实用的180多件外科手术器械,系统而直观地介绍了藏医药学理论及其实践技术。这种独创的、以画卷形式进行医药教学的挂图和1300多年来使用的医疗器械,再现了2000多年前藏医就已广泛应用于临床实践的外科手术。尤其以图片的形式,介绍了数千年前藏医就进行过开颅手术,不仅显示了藏族先民的聪明和智慧,也充分证明历史悠久的藏医学外科手术技术的高超精湛。

(3) 古籍文献馆:陈列了卷宗浩繁的藏医药文献中最具有代表性的1000多函典籍,还有300多部现代藏医药学书籍和珍贵的古籍印版。《四部医典》《月王药诊》《祖先口述》《四部医典蓝琉璃》《晶珠本草》等著名典籍,显示了作为世界四大传统医学之一的藏医药学浩瀚的典籍和博大精深、体系完整的藏医药学理论。其中,《四部医典》是目前世界上最大的一部医药典籍手抄本。它长达2m、宽1.2m、490页,重达1.5t,用传统工艺制成的藏纸,以金、银、珍珠、珊瑚等矿物为颜料,历时4年制成。数百部现代藏医药学书籍展示了对古老藏医药学理论的研究成果。

(4) 藏药标本馆:展出有2000多件分布在青藏高原的动物、植物、矿物标本,其中有利用汞、金、银等原料经特殊工艺炮制而成的、被誉为"甘露精华之王"的"佐太"样品,以及以收入国家药物基本目录、受国家中药保护品种的七十味珍珠丸、仁青常觉等成品药。展馆不但展示了藏医学名著《晶珠本草》中所收载的药物精品,而且也成为高原生物学的一个最精彩、最集中的展示课堂。

(5) 天文历算馆:采用沙雕时轮坛城、天文历算工具、古籍、历代有突出贡献的藏历算学家雕塑和现代化科技手段,再现场景复原和模拟藏族历算的日月星辰运行状况。演示它在藏历推算、天气预报、测定方位等方面的作用与推算方法。天文历算学是藏族祖先在长期的生产、生活实践中总结出来的一门自然科学,是藏族文化的重要组成部分。它历史悠久,文献丰富,并有鲜明的民族特色,在藏族人民的实际生活中应用范围很广,对藏族地区的农牧业产生了重要的影响。天文历算同藏医药学有着直接关系,如通过掌握外界气候变化、五行运行规律,来进行疾病的诊断治疗,药材的采集、炮制等。就是在科学技术高度发展的现代,仍具有学习、研究、利用的价值和不可替代的作用。

(6) 彩绘大观展馆:展出了荣获吉尼斯世界纪录的《中国藏族文化艺术彩绘大观》。该卷长618m、宽2.5m、画面达1500m^2,重约1.5t,由世界形成、历史、宗教、大众文化、民俗民情、名胜古迹、装饰图案七部分组成。《彩绘大观》上有唐卡700多幅,不同的堆绣图案3000多种,内容博大精深,其中包括藏族对宇宙形成的认识,以及历史、宗教、医学、文化生活等诸多方面,堪称藏族文化的百科全书。

习题

1. 冬虫夏草是指什么?
2. 请解释雪莲花。
3. 学生分组撰写中国藏医药文化博物馆解说词,并进行讲解。

任务五 马步芳公馆(馨庐公馆)讲解

知识目标

1. 熟悉有关马步芳公馆基本知识;
2. 掌握博物馆的导游讲解要领。

技能目标

1. 能对马步芳公馆进行导游词创作;
2. 能对马步芳公馆进行导游讲解。

1. 情景模拟

时间:2013 年 7 月 14 日;

地点:马步芳公馆;

人物:地陪小应;

事件:地陪小应为第一次到青海的旅游者介绍馨庐公馆的由来。

2. 角色扮演

小应:各位团友,大家好!我们现在看到的就是全国唯一一座选用玉石建造的官邸——马步芳公馆,也称馨庐公馆。

(1)_____。

(2)_____。

(3)_____。

(4)_____。

3. 实训提示

(1)马步芳(馨庐)公馆始建于 1942 年(民国三十一年)6 月,耗资 3000 万大洋,于次年 6 月建成,为马步芳私邸,取名为"馨庐"。国民政府主席林森题写"馨庐"二字,现仍镶砌在大门上部。在马公馆里,许多建筑的墙面镶有玉石,故人们亦称为"玉石公馆"。公馆由多个院落和不同形式的房舍以及花园组成,各个院落的房舍布置有序,结构严谨,构成了统一和谐的整体。位于公馆南端的后花园栽种了名贵的花卉和树木,还有亭榭,著名的"晓泉"也在其内。

(2)马步芳公馆是青海省保存最为完整的民国时的建筑,也是全国唯一一座选用玉石建造的官邸,具有较高的历史文物价值和浓郁的地方民族文化特色,1986 年被确定为省级重点文物保护单位。公馆保留下来的院落,占地 29950m²,建筑面积约 6183m²,共有房屋 290 间,分别由前院、中院、南院、西一号院、西二号院、西三号院以及后花园等 7 个独立而又联系的院落组成,各院和重要厅宅都有暗道相通,院落设计精巧,建筑古朴典雅,整个院落透出老宅的深沉、庄严和神秘气息。

(3)公馆有 7 个院落,第一个院落用于办公和接待宾客,院内有玉石厅、贵宾厅和东西两

厅等;第二个院落是正院,是马步芳居住和工作的地方,这里是当年青海省的政治、军事中心,这个院内除有马步芳居室外,还有他儿子马继援居室及其夫人张训芬居住的小楼;另外还有副官、参谋楼及北会议厅和南接待厅;第三个院子是女眷楼,它是女宾住宿的地方,是古典廻廊木结构的中式二层楼四合院,一楼是女佣住的,二楼是女宾住的,这个楼当年绝对禁止男人入内;第四个院子是小花园,大伙房和小伙房也在此院;第五个院子是马步芳亲信警卫部队的驻地,称为"警卫楼",院子里还有古油坊,古水磨;第六个院子是仆役、车夫住的地方,现开辟为游客的用餐场所;第七个院子是为后花园。

(4)马步芳(1903—1975),国民党军高级将领,甘肃河州(今临夏市)人,回族,字子香,陆军中将,民国时期国民政府西北军政公署长官。

马步芳早年入宁海军官训练团,结业后任宁海巡防军营副、营长等职。1926年随父马麒投西北军。1928年后,任副旅长、旅长、师长。1932年1月兼青海省政府委员,旋又兼青海南部边区警备司令。1934年起,历任陆军新编第二军军长兼第一〇〇师师长,青海省保安处处长,青海省政府代主席,西北"剿匪"第一路军第五纵队司令。其间曾派兵"围剿"中国工农红军西路军。抗日战争爆发后,任陆军第八十二军军长,派兵参加抗日战争。1938年3月,任青海省政府主席,直至1949年。1943年任第四十集团军总司令,并挤走兄长马步青,兼并其骑5军。1945年5月,当选为中国国民党第六届中央监察委员会委员。1949年5月,代理西北军政长官公署长官,7月正式任职,积极参加反共内战。被中国人民解放军击败后,由新疆逃往印度。1950年移居埃及,1975年7月在沙特阿拉伯病逝。

4.阅读资料

"馨庐"取意是按唐代诗人刘禹锡《陋室铭》中的词句"惟吾德馨"中的"馨","馨"字下是香,暗合马家父子的名号"子香、少香","庐"取《陋室铭》中"诸葛武侯庐"的庐。

习题

1.简述中国工农红军西路军概况。

2.分组撰写马步芳公馆解说词。

任务六　塔尔寺讲解

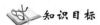知识目标

1.熟悉有关藏传佛教基本知识;

2.熟悉塔尔寺的宗教建筑及艺术形式;

3.掌握塔尔寺的导游讲解要领。

技能目标

1.能对塔尔寺进行导游词创作;

2.能对塔尔寺进行导游讲解。

一、塔尔寺的地理位置及由来

1.情景模拟

时间:2013年7月15日;

地点:塔尔寺或在前往塔尔寺的路途中;

人物:地陪老方;

事件:地陪老方在陪同旅游者游览塔尔寺。

2. 角色扮演

老方:大家好!今天我们游览的是被佛教界誉为"第二蓝毗尼园❶",藏传佛教圣地,也是格鲁派创始人宗喀巴大师诞生地,国家5A级景区——塔尔寺。它与西藏的色拉寺、甘丹寺、哲蚌寺、扎什伦布寺和甘肃的拉卜楞寺合称为藏传佛教格鲁派的六大寺院。

(1)＿＿＿。

(2)＿＿＿。

(3)＿＿＿。

3. 实训提示

(1)塔尔寺位于西宁市西南27km的湟中县鲁沙尔镇南隅,我们现在看到的群山就是著名的莲花山,因其周围山丘的形状如盛开的八瓣莲花,而得名"莲花坳"。塔尔寺恰好坐落在这莲花山间。

(2)塔尔寺在藏语中称为"衮本贤巴林",意为"十万佛像弥勒洲"。相传在宗喀巴大师诞生时,从剪断脐带滴血处长出了一株白旃檀树,树上长有十万片非常茂密的树叶,每片叶子都自然显现出一尊狮子吼佛像(释迦牟尼身像的一种)。因此,藏族称之为"衮本"(十万身像)。

(3)在宗喀巴大师去西藏学佛6年之后,其母香萨阿切盼儿心切,托人捎去一束白发和一封家书,大师接到母亲的家书之后,为坚持学业和弘扬佛法而决意不归,派弟子智华坚赞携带给母亲香萨阿切一幅自画像和狮子吼佛像,以慰老母,并在信中告诉母亲:"若能在我出生的地方用十万狮子吼佛像和菩提树(指大师诞生地的那株白旃檀树)为胎藏修建一座佛塔,就犹如与儿见面一样"。为此,第二年(即明洪武十二年)香萨阿切在信徒们的支持下建成了一座塔,取名莲聚塔(神变大银塔),而那棵被修进塔里的树,慢慢又从根部衍生出来,就是我们现在看到的这几棵旃檀树。直到1577年(明万历五年)在莲聚塔的南侧建造了弥勒殿,因先建塔后建寺而得名塔尔寺。

(4)到了1582年(明万历十年)三世达赖喇嘛索南嘉措来青海驻锡时,指示禅师仁钦宗哲坚赞以及当地藏族部落进一步扩建塔尔寺,自此以后塔尔得以不断扩大和发展,先后建成达赖行宫、九间殿、依怙殿、释迦殿、经院和僧舍等,直至发展到今天的规模。

4. 阅读资料

(1)藏传佛教格鲁派的创始人宗喀巴大师:大师法名罗桑扎巴(1357—1419),是一位伟大的佛学家,因诞生在古时称为"宗喀"地方,故称宗喀巴,由于他在藏传佛教界的崇高声望,被广大信徒和僧众誉为"第二佛陀"和"雪域佛陀",并尊称为"杰仁波且"(意为宝贝佛爷)。

宗喀巴大师,系今青海省湟中县人,生于1357年。其父叫鲁本格,元朝末年任达鲁花赤,是兼管当地军民政务的地方官员。其母叫香萨阿切,共生有子女6人,宗喀巴排行第四。宗喀巴3岁时,父亲把他带到夏宗寺,拜见来青海的噶举派黑帽系第四世活佛若白多杰,受近事戒。

---

❶ 蓝毗(pí)尼园为古印度佛教遗址,为释尊之诞生地,位于今尼泊尔境内。

7岁时被送到夏琼寺,受到该寺创建者法王端智仁钦的灌顶,取密宗名端月多杰,后又受沙弥戒,取法名罗桑扎巴。16岁赴西藏学习佛经。

宗喀巴一生之中共有著作19函170多卷,他于1409年在拉萨首创祈愿大法会,并创建了甘丹寺,自己担任首位法台,这标志着格鲁派的正式创立。

1419年大师63岁时在西藏拉萨甘丹寺圆寂。

（2）宗喀巴大师的弟子中最著名的有8位,他们是嘉曾杰、杜鲁·扎巴峰赞、克珠杰（第一世班禅）、绛央却杰、释迦也失、多敦·江白嘉措、吉尊·喜饶僧格、格敦朱巴（第一世达赖喇嘛）。

（3）塔尔寺现有各类建筑9300余间、殿堂25座,占地约600亩（40万平方米）,于1961年3月4日被国务院公布为国家重点文物保护单位。

二、藏传佛教简介

1. 情景模拟

时间:2013年7月15日;

地点:前往塔尔寺的路途中;

人物:地陪老方;

事件:地陪老方向游客讲解藏传佛教派别。

2. 角色扮演

老方:游客朋友们,可能大家对藏传佛教有些陌生……

（1）＿＿。

（2）＿＿。

（3）＿＿。

3. 实训提示

（1）在佛教没有传入西藏之前,藏族信奉的是当地的原始苯教,佛教传入之后吸收了部分原始苯教的神祇和仪式。在教义上,大乘、小乘兼容,以大乘为主。显宗、密宗共修,一般是先修显宗后修密宗,并且以无上瑜伽密为最高修行活佛转世制度,宗教与政治相结合,为藏传佛教的主要特点。

（2）藏传佛教在其自身的发展过程中出现过两次大高潮,即前弘期和后弘期。公元7世纪中叶到9世纪中叶的200年间,佛教从古印度和中国内地传入藏族地区是藏传佛教的形成时期,即前弘期。公元811年,藏王朗达玛禁佛,使佛教在西藏地区的传播中断长达100多年,直到公元10世纪末才得以恢复发展,称为后弘期,这是藏传佛教大繁荣的时期。直到20世纪80年代,我国的宗教政策进一步得到贯彻落实,这段历史被佛教界人士称之为再弘期。

（3）藏传佛教在其发展过程中,先后形成了不同的派系。大致有:

①宁玛派,因该派僧人穿戴红色袈裟、僧裙、僧帽,俗称红教,"宁玛"一词在藏语中有"古"和"旧"的含义。

②萨迦派,因该派寺院围墙涂有象征文殊、观音、金刚手菩萨的红白黑三色花纹,俗称花教。

③噶举派,因该派僧人穿白色僧裙和上衣,俗称白教。

④格鲁派,因该派僧人戴黄色桃形僧帽,俗称黄教。"格鲁"的意思是"善规"。

加上至今留存在川青交界地带的觉囊派,合称为藏传佛教的五大教派。另外,原始苯教依然存在,因该派教徒穿黑色法衣,俗称黑教,教法上对佛教内容多有吸收。

4. 阅读资料

佛教是由古印度迦毗罗卫国净饭王的太子乔达摩·悉达多创始,释迦牟尼涅槃后,弟子们对原始佛教教义发生了争议,分裂为两大派系。传统的一派称为上座部佛教,改革的一派称为大众部佛教。大众部佛教在印度迅速发展,信仰的人数和地区不断扩大,称之为大乘佛教。大乘佛教认为十方世界都有佛,修行果位为罗汉、菩萨和佛三个等级。而将原始的上座部佛教称之为小乘佛教。小乘佛教认为世上只有一个佛,即佛祖释迦牟尼,修行的最高果位是罗汉。

从世界范围来说,佛教从印度传播出来,大致分为三条线路:一是北传佛教,由古印度向北传入中国,再由中国传入日本、朝鲜、越南等国,以大乘佛教为主,也称之为汉传佛教;二是南传佛教,由古印度向南传入斯里兰卡,并传入缅甸、泰国、老挝、柬埔寨等南亚和东南亚国家以及中国云南傣族等少数民族地区,以小乘佛教(即上座部佛教)为主;三是藏传佛教,它是由古印度密乘佛教与我国藏区传统本教相融合而形成的具有西藏地方色彩的佛教流派。

三、塔尔寺八大如来塔

1. 情景模拟

时间:2013年7月15日;

地点:塔尔寺门前的八大如来塔;

人物:地陪老方;

事件:地陪老方向游客介绍八大如来塔。

2. 角色扮演

老方:各位游客,下面请跟随我一同参观塔尔寺。首先映入我们眼帘的是一组佛塔叫八大如来塔,是覆钵式佛塔,为纪念佛祖释迦牟尼一生中的八件大事而建,为典型的藏式塔,其底座塔基周长9.4m,塔高6.4m。

(1)_____

_____。

(2)_____

_____。

(3)_____

_____。

(4)_____

_____。

(5)_____

_____。

(6)_____

_____。

(7)_____

_____。

(8)_____
_____。

3. 实训提示

(1) 从东向西第一座塔叫莲聚塔。传说佛祖释迦牟尼从其母亲摩耶夫人右肋下降生人间之后即会行走,共走了7步,每走一步都出现一朵莲花般的彩云(即步步生莲),故名莲聚塔。

(2) 第二座塔叫菩提塔,是为纪念释迦牟尼修行成佛而建。作为净饭王太子的释迦牟尼,长大后并不留恋太子的荣华富贵,深感人间的苦难,产生了弃俗超凡的念头,所以在其29岁时离开王宫,独自一人外出苦修。经过6年的苦修,到了35岁,一次他在菩提伽耶的一棵菩提树下虔心静坐,于是大彻大悟而成道。

(3) 第三座塔叫初转法轮塔,是为纪念释迦牟尼初次讲经说法而建。释迦牟尼得道之后,他住鹿野苑初转法轮,弘扬佛教。所谓"转法轮",佛教把佛之教法喻为法轮,凡讲经传授教法、做法事、做利益众生的事业都称作转法轮。

(4) 第四座塔叫降魔塔,也称降服外道塔。释迦牟尼在弘扬佛法的过程中,曾受到诸多外道的嫉恨和打击,但是他们无怨无悔,坚持宣扬佛法,使外道深为佩服,心悦诚服地专心向善,皈依佛教,信众为纪念佛祖的这一光辉业绩而修建了此塔。

(5) 第五座塔叫降凡塔,也称天降塔。相传释迦牟尼出生后第三天其母摩耶夫人即亡故,他由姨母抚养长大,为了感激对他有养育之恩的姨母,在他成佛之后再度降临人间,继续弘扬佛法并超度其姨母。这座塔就是为了纪念佛祖再次降临人间普度众生而修建的。

(6) 第六座塔叫息净塔,也称和平塔。佛教在整个形成和发展过程中,教徒内部时常出现有关"正道"的争论,而这座塔正是为了纪念佛祖释迦牟尼以其大慈大悲之心平息诸比丘僧人内部争端的功德而建造的。

(7) 第七座塔叫祈寿塔,也称胜利塔,是信徒弟子为祈愿释迦牟尼长寿不老、佛法永存而修建的。

(8) 第八座塔叫涅槃塔。"涅槃"是指达到熄灭一切"烦恼"、超越时空、超越生死轮回的境界。佛祖释迦牟尼于80岁时在拘尸那迦罗城沙罗双树林涅槃,这座塔就是为纪念这件事而修建的。

4. 阅读资料

八大如来塔均属方形底座,圆身,为典型的藏式塔,因其形状像瓶,所以也叫"瓶塔"。这种塔普遍见于藏传佛教庙宇的门道,通常内部是空的,装进成千上万个小小的泥佛像,而塔尔寺的这八个塔中储藏着该寺历代高僧的衣冠,各地信徒常来这里绕塔参拜,虔诚有加,这也是塔尔寺佛塔独具的特色。正因为如此,这八座宝塔成了塔尔寺最具代表性的建筑之一。

四、塔尔寺主要景点简介

1. 情景模拟

时间:2013年7月15日;
地点:塔尔寺;
人物:地陪老方;
事件:地陪老方向游客讲解塔尔寺景点。

2. 角色扮演

老方:各位游客,现在请大家跟随我一同进入塔尔寺,一道去小金瓦殿参观。

(1) _____。

(2) _____。

(3) _____。

(4) _____。

(5) _____。

(6) _____。

(7) _____。

(8) _____。

3. 实训提示

（1）小金瓦殿也叫护法神殿，是专门供奉保护全寺僧众和殿堂安宁的众护法神的殿宇。护法神殿是由两层主殿和与东西回廊相连接的宽敞的大院构成。院内东西两侧各置有一座八卦香炉，炉壁上铸有"风调雨顺""国泰民安"的字样。

请大家举目向两边的回廊上看，这些凭栏而列的野牛、黑熊、石羊、猴子等野兽的标本均显出龇牙咆哮、扑腾跳跃之态，形象逼真宛如活物，它们被列放在这里是象征着被佛教征服的邪魔外道。

这座大殿是由正面4根藏式八楞大柱托起的3层重檐殿堂，殿内供奉的是佛身、语、意的功德和事业身像及丹津王（青海的一位郡王）的塑像，神龛中供奉的是各种护法神塑像。法王两侧摆放着虎、豹、熊、罴等猛兽的皮毛，象征着护法神威力无比，能驱除世间一切邪恶，使众生断绝邪恶皈依佛法。这左边栅栏中的这匹白马标本，长约4m，高约1.5m，相传是九世班禅曲吉尼玛的坐骑，曾在一天一夜之内驮其主人从相距塔尔寺有2000km之遥的西藏日喀则奔驰而来，故被尊为神马。这一块月牙形的石板，大家请看正面印有一个深深的马蹄印，据说就是这匹千里白驹途经唐古拉山时，踩到这块石板后被黏在马蹄上而被带到了这里。信徒们出于对九世班禅的崇敬，"爱屋及乌"，便把这些实物一并供奉在这里。

接下来我们一起来观赏一下两边墙壁上的宗教壁画彩绘艺术。这一幅壁画上的护法神形象，叫吉祥天女，藏语叫"贝丹拉莫"，俗称"骡子天王"，因为她常骑一匹能飞越天上人间和地狱三界的四眼骡子，故此得名。相传这位天女早年嗜血成性，残忍暴虐，后来被佛降伏，改邪归正，成为一位大护法神。从恶神变成了善神，充分表明了佛法无边的巨大感召力，尤其是藏传佛教特别看重吉祥天女的护法神威。

嘛呢经筒，也叫作转经轮，这些经筒大多用木头或金属制成，筒内装满了佛教经咒。在藏传佛教信徒中，尤其是老年者几乎人人手中持有一个这样的嘛呢小经轮，不停地从左向右顺时针摇转着，叫作转嘛呢轮，每转一次等同于诵念了一遍筒内的经文。我们现在看到的经轮是藏传佛教寺院里最常见的一种，后面我们还将看到比人还高的大经轮。经轮的表面都铸确有或刻有梵文"唵、嘛、呢、叭、咪、吽"的字样,这是观世音菩萨的六字真言(也称六字大明咒)。

(2)时轮大塔,坐落在小金瓦殿的门前,是一座砖砌佛塔,塔高13m,方形底座,圆身,为典型的藏式塔,塔底周长36m。该塔是因九世班禅大师1935年在塔尔寺为僧俗大众传授时轮大灌顶法而缘起的。1942年,由欧曲多杰羌活佛遵照九世班禅大师的意愿筹资建造,以示纪念。时轮大塔又叫作"和平塔",是一座藏式覆钵形塔。塔的第三层的四面各有一个塔龛,分别供有四大天王,象征守护四方;第四层南面的中间有一塔龛,内供金刚力士护法神像。覆钵形塔身处有一个大塔龛,内供时轮金刚成就佛。

(3)下面请大家和我一齐去参观另一座殿宇叫作祈寿殿,进入这座殿前,先请大家仔细看一下这座殿门外正面院墙壁上的两幅砖雕,左边的一幅名为"鹿鹤同春",右边的一幅为"老鼠偷吃葡萄"。都是寓意吉祥的含义,两幅砖雕,古朴淡雅,栩栩如生。一进这座院落都会感到绿树成荫、花枝满院的清新,所以我们把这座殿宇又称之为"花寺儿"。它位于小金瓦寺的南面,藏话称为"夏丹拉康",意为"长寿殿"。它是1717年(清康熙五十六年)为祝愿七世达赖喇嘛格桑嘉措长寿而建的,总面积达472m²。正殿正中供奉的佛像是释迦牟尼,两侧是其弟子迦叶和阿难的塑像,还供奉有十六罗汉的镀金铜像和四大金刚的镀金像。殿内这些佛龛之中还供有许多木雕佛像,是塔尔寺木雕艺术的珍品,形象生动,栩栩如生。这位骑着青狮的胁侍是文殊菩萨,这位骑着白象的胁侍是普贤菩萨。这最前面的三尊佛像叫三世佛,又称竖三世佛,从时间上体现了佛的传承关系。正中为现在佛,即释迦牟尼佛;左侧为过去佛,即燃灯佛(也有叫迦叶佛的);右侧是未来佛,即弥勒佛,释迦牟尼预言他将在56.7亿年之后降生在印度,所以叫未来佛。

现在我们回过头来看看,这种树木在我们青海并不多见,它叫旃檀树,佛教信徒称之为菩提树。每到盛夏花繁枝茂,香气袭人,故此殿称为花儿寺。相传宗喀巴大师的母亲香萨阿切当年背水时,常常依靠在这块石头上休息(故称"憩石"),使得它有了灵性,现在成了信徒们朝拜的圣物。

(4)时轮坛城又称金刚时轮坛城,是由十世班禅大师的经师——塔尔寺第十三世嘉雅·洛桑丹白坚赞活佛于1986年出资兴建的,占地面积1100m²。坛城外部建筑为3层大殿,系重檐歇山式藏汉风格相结合的建筑,为佛教密宗四部本宗坛城。大殿内为圆形立体坛城。

(5)大经堂,藏语称"都康钦莫",它是整个寺院规模最大的殿宇,总面积为2750m²,是全寺僧人集体诵经、讲法和学习佛法的场所。大经堂也是塔尔寺显宗学院所在地。

大经堂为藏式草泥平顶建筑,顶上置有镏金"法轮""金鹿""法幢""宝伞""摩尼"(喷焰、宝饰)等各种巨型法器。

在进经堂之前,先来让我们看一看这正面墙上的几幅大型壁画。壁画被誉为塔尔寺的"艺术三绝"之一。这里的壁画,在制作方法上,大体有三种。第一种是我们现在看到的画在布幔上的壁画,它是将图画画在经过处理过的白布之上,然后再用木框镶嵌后安装在墙面上。它的优点是便于拆卸和保存,这类壁画在大经堂内外就有55幅,在刚才参观过的小金瓦寺有56幅,在大金瓦寺有5幅,其他各殿宇中也有数量不等的布面壁画。第二种是先将需绘制壁画的墙面经过磨平、刷浆、粉白等处理之后,在墙上直接绘制。第三种是在墙面上镶嵌干燥刨光的木板,打上白浆底色,再在木板上进行绘制,这种方法制作的壁画数量很少。无论哪种类型的壁画,内容和题材大多出自佛经上的记载和故事,如佛祖释迦牟尼的生平故事、宗喀巴大师的功德业绩、各种佛像、菩萨像、护法神像以及生死轮回、因果报应等图案,大多蕴含着宣扬佛法和佛教哲理的内容。

现在请大家进入大经堂。这个经堂规模宏大，168根（其中60根暗柱建于墙中）藏式八楞大木柱对称排列，方正匀称显得宏伟宽敞。108根明柱通体用盘龙彩云图案的藏毯包裹着。顶棚上面是用彩绸制作的方形方阵吊顶，绕梁彩绘的是"水波云纹""元宝火焰""竹梅双喜""福寿三多"等精美图案。相间垂挂的是经幡、法幢、帏帐、哈达、堆绣和藏式卷轴画（唐卡）。先说说堆绣，它也是塔尔寺"艺术三绝"之一，它不同于一般的刺绣品，它是用各种彩色棉布、绸缎剪成各种造型图案，经过剪裁、堆贴和刺绣而完成的，图案内填上棉花或羊毛，使其表面凸起，富有立体之感，所以称之为堆绣。我们常说的唐卡，实际上就是藏式卷轴画，有绘画唐卡、提花唐卡、堆绣唐卡和宝石唐卡等各种不同形式的唐卡。唐卡作品在面积和长度上可大可小。寺内珍藏的宽约20m、高约30m的4幅巨型堆绣唐卡，将铺展在对面的小山之上供广大信徒瞻仰和膜拜。

地上铺设的长条藏毯，长约30m，分为一个方格一个方格的形状，是专供全寺僧众诵经时所用的禅座。每人一方格，就地纳坐，大约可容纳3600人。

西、南、北三面墙壁上布满了佛龛，又称为千佛佛龛，每个佛龛内各供有一个高30cm的宗喀巴鎏金铜像，俗称"千佛"。

大殿正面上方称做法台，正中的座位是总法台宝座（十世班禅额尔德尼·确吉坚赞大师曾多次在这宝座上讲经说法）。

（6）大经堂右侧偏院是一座歇山式木结构阁楼，它叫大厨房，是寺院举行法会或重大法事活动时专门为僧众供应膳食和茶水的地方，据说在塔尔寺全盛时期，僧众人数多达3600多人，他们在大经堂进行诵经时，其所需茶水、饭菜就由大厨房供应。大厨房里面总共有5口铜锅，其中这口头号大铜锅是1897年在当地鲁沙尔铸造的，口径达2.54m、深达1.22m，大约可容纳180桶"芒加"（茶水）。2号大锅铸造于1810年（清嘉庆十五年），口径有2.25m，深约1.04m，是专门用来煮"头巴"（米饭）的。"头巴"有两种，一种是肉米饭，一种是甜米饭（嘎头），主要用料是牛羊肉、牛油、蕨麻、红枣、葡萄干、酥油等，最多时一锅可下大米400多公斤。另外两口铜锅分别铸造于1782年和1888年，口径分别为1.78m和1.62m，深为1m和0.88m。

（7）塔尔寺的主殿——大金瓦寺（殿）。大殿始建于1369年（明洪武二年），殿内主供着宗喀巴大师的纪念塔（也称神变大银塔）。此殿为汉藏风格相结合的三层歇山式琉璃瓦顶的宫殿式佛堂，殿内竖有15根藏式八楞红漆大柱，殿顶用纯金镏成的方形筒状铜瓦铺设而成，象征着佛光普照人间。顶脊置有2m高的镀金宝瓶和一对镀金喷焰摩尼（宝饰），上檐下檐均饰以镏金云头、滴水、莲瓣，檐角饰有镏金管头，形似龙首，垂脊四角各置铜质镏金大耳狮铜铃。

大殿门前的这棵白旃檀树，相传是由殿内大银塔中包藏的白旃檀树衍生至殿外的，也就是我们前面讲到的每片叶上有一尊狮子吼佛像的"菩提树"。因此，深受信徒们的崇敬，时常受到信徒们敬献哈达、香火供奉和顶礼膜拜。

聚集在大殿门前磕头参拜的信徒，大多是从外地远道而来在这里祈祷还愿的。按照藏传佛教的规矩，信徒们一旦许了愿得到印证或达到愿望之后，必须到佛或菩萨前叩头还愿，否则视为对佛的不敬，是不允许的。因此，当你许愿时承诺要磕10万个头来还愿，那么就一定要一个不少地如数磕完。在藏传佛教中磕头礼分为两种，一种是将双手合掌并拢高举触及额头、喉间、胸部各一次，双膝跪地后，双掌分开支地，以额触地，叫作跪拜；另一种就是大家现在所见到的，双手合拢后，触额、喉、胸后全身俯伏于地面，叫作磕长头，也叫五体投地头，即两肘、两膝和头部全部着地。

大殿中央这座高11m的大银塔，也称宗喀巴纪念塔，塔的底座用纯银铸就，面积约27m²

塔身裹于层层丝织品中,并缀满了珍珠、玛瑙、翡翠等宝石。塔内藏有旃檀树和宗喀巴的自画像。

(8)"艺术三绝"第三绝——酥油花。酥油花只是整个油塑技艺品种中的一种,用酥油不仅可以塑花,还可塑造人物、走兽、飞禽、楼台、亭阁、山水、树木等各种各样的造型。虽然统称"酥油花",其实是包括各种造型的油塑艺术品。酥油花的制作工艺比较复杂而且十分艰辛,不但需要众多艺僧集体完成,而且需要耗费很长时间精心构思、设计、修改和定稿,才能正式投入制作。一般需要3个月的时间才能完成整个花架上人物和场景的塑制。油塑的主要原料是酥油(色泽金黄或乳白色,是从牛奶中提炼出来的奶油)和矿物质颜料。制作步骤大致是这样的:先用麦草秆、竹竿、木棒等扎成各种人物、动物、花草、树木和房屋等需塑造形象的骨架;再将酥油用麦草灰染黑,捣碎调匀成黑色的塑造油泥,用于塑出各种造型的雏形,这是第一步。然后在酥油中揉进各种颜色的矿物质颜料,加工成膏状的、色彩各异的油塑原料,再仔细均匀地涂塑在各种雏形之上,有的地方还要用调和好的金粉和银粉进行装饰和勾描,使得塑造的形象更加光彩夺目,这是第二步工序。在制作过程中,为了使塑用的酥油更加光滑细腻,需要将酥油放在凉水之中反复地搓揉,以增加其韧性和去除杂质,使酥油在质感上显得更加细润和有光泽,涂塑起来不仅增加了黏着力,而且表面显得更加细腻和鲜艳。同时,在整个涂塑过程中,为避免手上体温溶化酥油,影响油塑质量,艺僧们需经常把手放入凉水之中来降温,油塑的艰辛可见一斑。最后一道工序是把塑造好的各种造型,按照设计要求,用细铁丝固定在25°~30°倾斜的花架之上。同时在花架的布幔上缀上各色彩灯,使其不时地闪烁,与色彩艳丽的酥油花竞相生辉,使得塑造的人物形象活灵活现,景物更加绚丽多彩。

塔尔寺每年农历正月十五举办酥油花展览,选用的题材和内容多属佛教故事、人物传记、神话传说等,配有山水、花草、树木、城池、楼台、车辆、马匹、兵器、乐器等油塑作品。这些油塑作品人物神态自然、栩栩如生,景物风情万种、惟妙惟肖,达到了十分逼真的境界,成为本寺的艺术精华,堪称"一绝"。

4. 阅读资料

(1)观世音菩萨六字真言的含义:"唵"能消除天界生死苦;"嘛"能消除非天争斗苦;"呢"能消除人间生老病死苦;"叭"能消除畜生役使苦;"咪"能消除饿鬼饥渴苦;"吽"能消除冷热地狱苦。

(2)堆绣属于唐卡的一种。唐卡有卷轴(绘画)唐卡、刺绣唐卡、提花唐卡、贴花唐卡(又称剪堆,即堆绣)和宝石唐卡等种类。其中堆绣为塔尔寺"艺术三绝"之一。堆绣是用各色棉布、绸、缎剪成所设计的各种图案形状,精心堆贴成一个完整的画面,然后用彩线绣制而成。其工序有图案设计、剪裁、堆贴、绣制、个别图案部分上色等,以堆贴为主,绣制为辅。堆绣分平剪堆绣和立体堆绣两种。平剪堆绣是将剪裁成的各色布料图案堆贴在设计好的白布上,再用彩线绣边即成。而在平剪的图像内垫上棉花或羊毛使图形凸起,然后粘绣在对称的布幔上,再将堆绣好的不同形状的图像用绸缎联成一个巨幅画卷,构成一组完整的画面,悬挂于殿堂之上。堆绸富有立体感和真实感,称为立体堆绣。

习题

1. 何为"佛""菩萨""罗汉""护法神"?
2. 塔尔寺的"艺术三绝"都有哪些?其工艺是怎样的?
3. 什么是唐卡?唐卡分为几种?

任务七　丹噶尔古城讲解

知识目标

1. 熟悉有关丹噶尔古城历史沿革;
2. 熟悉丹噶尔古城建筑及艺术形式;
3. 掌握丹噶尔古城的导游讲解要领。

技能目标

1. 能对丹噶尔古城进行导游词创作;
2. 能对丹噶尔古城进行导游讲解。

一、丹噶尔古城的地理位置及由来

1. 情景模拟

时间:2013年7月20日;

地点:丹噶尔古城;

人物:地陪小许;

事件:地陪小许在陪同旅游者游览丹噶尔古城。

2. 角色扮演

小许:大家好!今天我们游览的是被誉为"海藏咽喉""茶马商都"的青海湟源丹葛尔古城。丹噶尔,即藏语"东科尔"的蒙语音译,意为"白海螺",地处黄河北岸,西海之滨,湟水河源头,距西宁市40km。黄土高原与青藏高原在这里结合,农耕文化与草原文化在这里相交,唐蕃古道与丝绸南路在这里穿越,众多民族在这里集聚,素有"海藏咽喉""茶马商都""小北京"之美称。

(1)_____

_____。

(2)_____

_____。

(3)_____

_____。

(4)_____

_____。

3. 实训提示

(1)丹噶尔古城始建于明洪武年间,距今有600多年历史,是中国西部重要的经济文化枢纽和军事重镇,也是一座古老的历史文化名城。自西汉以来,丹噶尔便成为商贸要地,唐王朝与吐蕃在今日月山下设立了青藏高原上的第一个"茶马互市"的商衢之地。

(2)丹噶尔古城古为羌地,汉置临羌县,隶金城郡,三国改隶西平郡,北魏属西都县,隋改为湟水县,隶鄯州(西平郡),唐代归鄯城县,唐安史之乱后属吐蕃辖地,1104年(宋徽宗崇宁三年)以后隶属西宁州,明隶属西宁府西宁县,清设丹噶尔厅,仍隶属西宁府。1913年(民国二年)改丹噶尔厅为湟源县。

（3）至1924年（民国十三年），商业贸易达到高峰。城内拥有大小商户及手工业1000余户，从业人员达5000多人，贸易总额白银达到500万两以上，商贾云集，贸易兴盛，丹噶尔古城也有了"环湖商都""小北京"的美称。每当黄昏来临，城内各个店铺和洋行的门上制作的具有浓郁民族特点的灯箱式广告招牌灯火辉煌，大放异彩，吸引了成千上万的观众，如今的"排灯"便是这种广告招牌的演变，可以说湟源排灯是中国最早的广告灯箱。

（4）古城得名于著名的藏传佛教寺院东科尔。1648年（清顺治五年），东科尔寺从西藏迁至古城东百米处，成为青海和西藏声名远播的寺院。以后随着商业贸易的发展和各民族的文化交流，古城内又修建了城隍庙、金佛寺、火祖阁、玉皇庙、关帝庙、财神庙、北极山群庙、清真寺等，这些寺院庙宇建筑宏伟，布局严谨，刻镂精致，壁画精美，彰显出无穷的神秘魅力，同时也把儒、道为核心的汉文化，以藏传佛教为核心的藏文化和以伊斯兰教为核心的回族文化展现得淋漓尽致。

4．知识链接

丹噶尔民间艺术

排灯、剪纸、曲艺、羊皮绣以及"花儿"会、朝山会、庙会、法会、祭孔、祭海等民间艺术和民俗文化活动丰富多彩，为古城增添了丰厚的文化内涵。其中，湟源排灯已被列为国家第一批非物质文化遗产保护名录，成为青海民族民间文化艺术珍品。

丹噶尔皮绣是湟源人民创造的一种卓越的手工艺术品，具有精湛的技艺、独特的艺术风格和丰厚的文化蕴含，至今已有上千年的发展历史，是青藏高原民间艺术的一绝，为湟源所独有，其渊源可追溯到古羌时代。

5．阅读资料

据记载，古城修筑后，同年设丹噶尔营，驻扎参将1员，千总、把总共3员，建参将署、千总署各1处，把总署2处，演武厅、军火库、火药局、草场各1处，廒仓20间。1823年（清道光三年），由于军事需要，将丹噶尔营升格为镇海协营，驻副将1员，负责环青海湖等地的军务，并保证丹噶尔商业贸易的正常进行。从建城之日起设立丹噶尔营、镇海营、将军府、千总府等，先后派副将14名、副总17名、参将7名、都司29名、千总4名、把总31名，足见其军事地理位置上的重要，是名副其实的"兵城"。

二、丹噶尔古城主要景点简介

1．情景模拟

时间：2013年7月20日；

地点：丹噶尔古城；

人物：地陪小许；

事件：地陪小许向游客讲解丹噶尔古城主要景点。

2．角色扮演

小许：游客朋友们，我们现在站的地方就是丹噶尔古城的明清老街。

（1）_____

_____。

（2）_____

_____。

（3）_____
_____。

3.实训提示

（1）作为湟源老城的重要组成部分和湟源民俗集聚的明清老街，连接着城隍庙、关帝牌坊、文庙等古建筑群，记载着古代西北地区最大贸易市场的发展，展示了湟源历史发展脉络，具有很高的文物保护和历史文化价值。由于经济、文化等的发展和商贸中心地位的转移，明清老街失去了原有的特色，店铺大多改为民居，古建筑也多改为砖混楼房。

（2）保护开发的老街，使用青砖、灰瓦、白墙、朱红柱廊等元素，采用明清典型的七彩遍装法彩绘，民居采用灰、白、朱红三色饰面。在造型上采用几何块体相互组合、高低错落；在材质上，采用玻璃与砖墙的虚实对比，相互借景；在色彩上表达出传统民居黑、灰、白基本色调，使建筑布局与老城建筑格局相吻合。

（3）城隍庙为省级文物保护单位，是西北地区保护最完整的城隍庙之一，位于县城西门内北，建于清乾隆年间，占地4亩（2700 m^2）多，有山门3间。门前石砌台阶，左右石狮旗墩围杆刁斗，山门对面有青砖照壁，高约6.6 m，宽近10 m，刻有花纹图案。门内建有钟鼓楼阁，门楼戏台，正殿、廊房、牌房、花园、书房等规模井然。全庙建筑属传统式飞檐大屋顶，绘画雕刻，尤显瑰丽，廊房内的壁画——劝善图，具有较高的艺术和欣赏价值。

习题

1.请解释何为"茶马互市"？

2.请同学们分组搜集丹噶尔古城相关素材，撰写解说词并进行导游讲解。

项目三 环"夏都"西宁旅游圈

知识目标

1. 掌握夏都西宁旅游圈主要景点知识;
2. 能准确生动地设计和撰写日月山、青海湖、高原原子城、互助土族风情、循化撒拉族风情、柳湾彩陶、瞿昙寺、热贡艺术、隆务寺、坎布拉国家森林(李家峡)景区等导游词;
3. 能全面正确、条理清晰、详略得当地讲解景点知识。

技能目标

1. 能根据旅游景区景点收集整理相关素材;
2. 能准确地使用讲解方法,技巧娴熟;
3. 能正确地使用景观的鉴赏方法,具有基本的赏析能力。

素质目标

1. 培养学生良好的学习习惯和学习方法;
2. 培养学生具有准确清晰、自然流畅、生动有感染力的语言表达能力;
3. 培养学生与人沟通的能力;
4. 培养学生不断地追求知识、独立思考,勇于自谋职业和创新的能力。

任务一 日月山讲解

知识目标

1. 了解日月山的历史传说;
2. 熟悉日月山的地理位置;
3. 掌握日月山的景区特点。

技能目标

1. 能对日月山景点进行导游词创作;
2. 能对日月山景点进行导游讲解。

一、日月山的地理位置

1. 情景模拟

时间:2013 年 7 月 21 日;

地点:日月山;

人物:地陪小王;

事件:地陪小王带领一个旅游团队,游览日月山。
2. 角色扮演
小王:大家好!这就是被誉为"西海屏风"、"草原门户"的日月山。
_____
_____。

3. 实训提示
日月山在湟源县县城西南方向约40km处,离西宁市90km,离西宁市市中心100km。日月山的平均海拔4000m左右,最高峰阿勒大弯山海拔4455m,日月山垭豁口海拔3510m。

4. 阅读资料
日月山属祁连山脉的分支,在青海湖东南,是湟源、共和两县的交界处。日月山东起拉脊山西端,北到青海湖东部的洱海,南接湟中群加,绵延90km。日月山是青海省的风景名山,为游人进入青藏高原的必经之地,故有"西海屏风""草原门户"的美誉。

二、日月山的地理特点

1. 情景模拟
时间:2013年7月21日;
地点:日月山;
人物:地陪小王;
事件:地陪小王向游客讲解日月山的地理特点。
2. 角色扮演
小王:请游客朋友们顺着我手指的方向看,日月山的两侧景致有什么不同?
小王:对了,日月山的一侧是草原、一侧是农田。
(1)_____
_____。
(2)_____
_____。

3. 实训提示
(1)日月山在初唐时,名叫"赤岭",是因为山顶砂土赤红而得名。日月山在战略位置上十分重要。日月山既是季风和非季风、青海东部外流河与内流河的分水岭,也是黄土高原与青藏高原的衔接地带。日月山的气候寒冷,雨水充沛,水草丰美,是青海省东部农业区与牧业区的自然分界线。站在日月山上眺望,山麓西边是广袤苍茫、牧草丰茂、牛羊成群的大草原;山麓东边是村落点点、梯田阡陌、麦浪滚滚的农业区。

(2)很早以来,它就是祖国内地通往西南边陲的交通要道,也是汉藏人民友好往来、茶马互市贸易的纽带。早在汉代,日月山已成为我国"丝绸南路"的一大驿站和必经之路。唐代时,日月山更是唐蕃故道的必经之路,近年来在这里还发现了唐开元年间所立的"唐蕃分界碑"遗石块。

三、日月山名称的由来

1. 情景模拟
时间:2013年7月21日;
地点:日月山;

人物:地陪小王;

事件:地陪小王向游客讲解日月山名称的由来。

2. 角色扮演

小王:公元640年(唐太宗十四年)吐蕃派遣大相禄东赞到长安献聘礼,请求联姻,太宗把文成公主相许。

_____

_____。

3. 实训提示

第二年即公元641年(唐太宗十五年),唐太宗派遣江夏王李道宗持节送公主西行,与吐蕃王松赞干布成亲。传说文成公主进藏走到日月山时,见再往前走,便是茫茫大草原,全然没有家乡的气象了,心里顿生思乡、思亲之情,便取出行前皇后送给她的"日月宝镜"。当时送给她这面宝镜时,皇后曾告诉她,如果想家的话,就拿出来看一看,从镜子里可以看到长安和母亲。文成公主想到这里,望着茫茫草原,篱篱衰草,便取出宝镜来看,果然从镜子里看到了长安和母亲。这使得公主更加伤感,不慎失手,把"日月宝镜"摔成了两半,日月山也因此而得名。

4. 阅读资料

(1)民间还有两种说法,一种说法是文成公主为了坚定自己的入藏信念,她毅然将"日月宝镜"抛于山下,向西踏上了吐蕃的土地,后人为了纪念这位襟怀高洁的汉家公主,将赤岭改称"日月山";另一种说法是,护送的吐蕃大相怕公主见到亲人,思故不进,便暗中将"日月宝镜"换成了石刻日月镜,公主得到后,一气之下将石刻日月镜抛在一边,毅然西进,后来这里便更名为"日月山"。

(2)公元734年,唐朝与吐蕃派遣使者于此划界立碑,定点进行茶马交易,并正式确定其为边防关隘,修筑过颇具盛名的石堡城,并留下了许多文化胜区。

(3)日月山的东面山坡下,修起一条通往垭豁口(日月山口)人行道路,并在东面山坡下竖立起一尊白色文成公主塑像。日月山口(垭豁口)的南北各有1个乳峰,其形状似太阳和月亮,并建有日亭和月亭各一座,日亭在南,月亭在北。如今青藏公路从日月山通过,在日月山竖立了"日月山"石碑,举世瞩目的环青海湖国际公路自行车赛也经过日月山。

四、日亭内彩绘图中的民间传说故事

1. 情景模拟

时间:2013年7月21日;

地点:日月山;

人物:地陪小王;

事件:地陪小王向游客讲解"五难使"的民间故事。

2. 角色扮演

小王:日亭是一个呈六面体的六角亭。日亭内正中有一块石碑,碑文书写的是文成公主远嫁吐蕃的历史,这块石碑是汉藏人民世代友好的见证。日亭内四周是用瓷砖烧制的4幅彩绘图,彩绘图所反映的内容是在青藏高原民间流传着的"五难求婚使"的动人故事。话说唐太宗为了为难禄东赞,出了5道难题,只有禄东赞回答出才能答应和亲。

_____

_____。

最后让我们站在日月山顶上,去领略大诗人陈子昂所描绘的那种"前不见古人,后不见来者;念天地之悠悠,独怆然而涕下"的意境。

3. 实训提示

第一道题目是要求把一根很细的丝线,穿过一颗有九曲孔道的明珠。禄东赞把丝线系在一只蚂蚁的腰部。蚂蚁带着丝线,爬过明珠的九曲孔道,丝线也就带过来了。

第二道题目是把一百匹母马和一百匹小马驹儿放在一起,要求辨认出哪匹马驹儿是哪匹母马生的。禄东赞把母马和马驹儿分开关了一天,断绝了马驹儿的饲料和水,第二天再把它们放在一起,饿慌了的马驹儿分别奔到自己的母亲那里去吃奶,它们的母子关系也就认出来了。

最后一道是要禄东赞从2500名同样装扮的年青美貌的女子中,找出谁是文成公主。事先禄东赞找到服侍文成公主的侍女,让她用粘过蜂蜜的梳子给文成公主梳头,在辨认时将准备好的蝴蝶放飞,蝴蝶飞落在公主头上,一下子就把那仪态大方的公主认出来了。

这些传说不大可能是事实,但是却表达了吐蕃人民对完成这个使命的使者的赞美以及与唐朝交好的愿望。

4. 知识链接

倒 淌 河

大家都非常熟悉水往东流的常识,但是这条河却一反常态,自东向西流淌。这是这条河名称的来由,也是这条并不宽阔的小河之所以闻名的原因。

这条河的水为什么倒淌呢? 民间也有许多传说。其中有一种是说,当年文成公主离开日月山,继续往西行走,公主从马背上回过头去,向东遥望自己故乡的时候,发现视线已被日月山阻隔了,禁不住流下了悲伤的泪水,然后叹息一声,挥泪西进。于是,公主流下的泪水幻化成了一条小河,因为同情公主的悲伤,这条河也随着公主一同向西流去。

这条河之所以倒淌的科学原因是,距今大约13万年前的中更新世,这里发生了一次强烈的造山运动。这次造山运动使青海湖出口处被隆起的高山也就是我们刚才停留过的日月山所阻断,使原来是个外泄湖的青海湖变成了内陆湖。而原来自西而东进入青海湖,然后又外泄注入古黄河的布哈河,因为地壳隆升的速度超过了河床下切的速度,导致河流的出口被堵,于是河水就倒着流进青海湖里去了。

习题

1. 日月山的地理位置有哪些特点?
2. 请说明倒淌河倒流的科学原因?

任务二 青海湖讲解

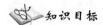

1. 熟悉青海湖的地理位置;
2. 了解青海湖景区构成;
3. 掌握青海湖的景区基本知识。

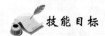

1. 能对青海湖景区进行导游词创作;
2. 能对青海湖景区进行导游讲解。

一、青海湖简介

1. 情景模拟

时间:2013年7月21日;

地点:青海湖;

人物:地陪小王;

事件:地陪小王带领一个旅游团队,浏览青海湖。

2. 角色扮演

小王:大家好!今天我们将要浏览的是国家5A级景区,也是中国最美的湖泊——青海湖,它位于省会城市西宁以西151km处。

_____

_____。

3. 实训提示

青海湖古代称为鲜水海、卑禾羌海。藏语称为"措温波",蒙古族语称为"库库诺尔",都是"青蓝色的海"的意思。汉代称为"西海",北魏开始称"青海",青海省的省名,就是由此得来的。

现代地质学研究表明,大约在2000万年以前,现在的青藏高原地区是一片汪洋大海。后来,由于大陆板块挤压,地壳运动,海底渐渐向上隆起,成了现在被称为"世界屋脊"的青藏高原。而青海湖地区由于在地壳隆起的过程中断层陷落,形成了一个巨大的盆地湖泊,湖水由出口汇入古黄河。后来,大约在13万年以前,青海湖以东地区出现了一次剧烈的造山运动,湖东日月山异峰突起,封闭了青海湖的泄水口,使它成了一个内陆湖。

青海湖的面积4500km^2,是我国最大的咸水湖。环湖一周是360km,湖面海拔3196m,水深平均19m,最深的地方达39m。

4. 知识链接

海心山是青海湖的又一游览胜地,是一处神秘而令人向往的景观,古称"仙山""龙驹岛"。海心山位于青海湖的湖心,面积近2km^2,高出湖面10多米,山体为花岗岩和白岩石构成。据《水经注》记载,隋大业年间,将马放牧于海心山,并派牧马人看守,这种马在南北朝时号称龙驹,故海心山遂有"龙驹岛"之美名。吐谷浑在青海立国称王时,曾将波斯草马放牧于海心山,产下良驹,日行千里,称青海骢,进贡于唐王朝。

二、鸟岛简介

1. 情景模拟

时间:2013年7月21日;

地点:前往鸟岛路途上;

人物:地陪小王;

事件:地陪小王向游客讲解鸟岛景点。

2. 角色扮演

小王:游客朋友们,大家好!今天我们所要去的地方就是被誉为"鸟的天堂"的青海湖鸟岛。

_____

_____。

3. 实训提示

青海湖鸟岛是我国 8 个鸟类保护区之一,成立于 1975 年。它位于青海湖的西北角,由一东一西两个岛屿组成。西边的那个小一点,叫海西山,又叫小西山。海西山的形状像个驼峰,面积过去只有 11hm²❶,因为湖水下降,和刚才我们看过的布哈河带进湖里的泥沙淤积,现在它已经扩大了面积,并且已经成了一个半岛了。人们平常所说的鸟岛,主要指的就是这个海西山。海西山上的鸟类,主要是斑头雁、鱼鸥和棕头鸥,再加上其他的鸟,总数约有 10 万只。到了 5、6 月份的产卵季节,岛上的鸟蛋一窝挨着一窝,密密麻麻,到处都是,人们如果此时到岛上去,几乎难以下脚,所以海西山还有一个名字,叫蛋岛。东面偏南的那个岛叫海西皮,面积大一些,有 46hm²。这个岛的东面悬崖峭立,濒临湖面,而西面则是一面缓坡,与蛋岛相连。海西皮岛上的鸟类主要是鸬鹚,数量在 1 万只以上。青海湖鸟岛除了上面说的几种主要的夏候鸟以外,国家一级保护动物黑颈鹤也来这里产卵育雏。每年冬天,还有近千只鸟上岛过冬,天鹅也在这里越冬。另外,春秋两季,迁徙途经此地的水鸭子最多,有 20 多种,数量在 7 万只左右,主要有绿翅鸭、绿头鸭、鹊鸭、凤头潜鸭、红嘴潜鸭、秋沙鸭、针尾鸭、赤颈鸭、罗纹鸭等。这里真称得上是世界上分布最稠密的"鸟类王国"。每年 6、7 月间,幼鸟在母鸟的带领下开始飞翔,并到草原上和湖里去觅食,各种各样的水禽有的翱翔在蓝天上,有的嬉戏于碧波间,有的在草原上飞起飞落,又有的在沙滩上休憩,真是熙熙攘攘,热闹非凡。

三、青海湖祭海习俗

1. 情景模拟

时间:2013 年 7 月 21 日;

地点:青海湖;

人物:地陪小王;

事件:地陪小王向游客讲解青海湖祭海习俗。

2. 角色扮演

小王:青海湖地区的一个古老习俗开始,这个习俗是"祭祀青海神"。

(1)_____

_____。

(2)_____

_____。

3. 实训提示

(1)自唐朝起,各个朝代对"青海神"都有封号或者尊号,如"广润王"、"灵显青海大渎之尊神"等,而且都有对"青海神"的祭祀活动。祭祀分为遥祭和近祭两种。遥祭是由皇帝派出大员,于立秋那天在京城或者同州府,也就是今天的陕西大荔的西郊举行。仪式先供"太牢"(牛、羊、豕三牲),宣读祭文,行三跪九叩礼。近祭就是在青海之滨举行祭祀活动,从清雍正时期至民国期间曾经多次举行,时间一般是选在农历的七月十五日上午。仪式前先搭好供奉着"灵显青海之神"牌位的海神台和可容纳万人的祭礼台,先献"太牢"以及香楮、哈达、红烛、糖

---

❶ 1hm² 即 1 公顷,1hm² = 0.01km²。

果、白酒、酥油、奶茶和由小麦、青稞、豌豆、蚕豆、玉米组成的五色粮食等祭品。祭仪由"钦差办理青海蒙古番子事务大臣"主持,民国时期则由中央大员或省政府主席主持。祭海神的第二天,由主祭大员举行宴会。宴前,要给活佛和官员们赏赐,根据官阶和地位的不同,分别赏给绸缎、袍褂、衣料以及米、茶、绵羊、糖果等物。宴会后,由主祭大员或大臣主持"会盟",内容主要有三点:一是宣读诏令或者政令;二是"面饬",要求大家"严约属番,安静住牧"、"勿任滋事,至于罪戾"等;三是处理诉讼纠纷,宣布任免事宜等。这种先"祭祀青海神",然后会盟的活动,有一个专门的名称,叫"祭海会盟"。

　　(2)民间的祭礼选在农历的4、5月份,形式上采取"祭俄博"的方法。这一天的上午11点左右,先由喇嘛或者长者高声朗诵经文以及真言。然后由一位推举出的长者登煨桑台,点燃松柏枝。螺号开始吹响,祭拜的人们沿顺时针方向绕着煨桑台走。同时,一边念着经文和佛号,一边向煨桑台投献哈达、青稞、白酒和糖果等物,也投"龙达"。龙达是一张6~8cm的正方形纸片,上面的正中间印着一匹健壮的奔马,四周印着虎、狮、龙、鸟形的神物。如果投放上去的龙达随着煨桑台上的烈焰腾空而起,人们便十分高兴,认为神祇会保佑人畜兴旺。人们围着煨桑台绕行三圈以后,由长者带领着拥向"俄博"。俄博是用白色石块垒筑的一个方台,方台的边长一般是4m,高一般是2m。台上竖着一个用羊毛和印着经文的布把松柏枝和沙柳枝捆扎成圆锥形的物体,圆锥的中间插一根3m多高的杆子,叫作金刚杵。杵周围的树枝上插满刀枪矛戟弓箭等兵器和法器,人们认为它有降伏邪魔的功能。树枝上还挂满哈达、经布和彩旗。这个便是藏族地区经常可以见到的俄博。此外,在俄博的后面或者侧面,还立着一根或两根"嘛呢经杆"。嘛呢经杆是一根高约6m的木质杆子,顶端雕刻成宝塔的形状。杆子栽进一个边长大约1.5m的立方体白石台子里面,四周再用牛毛绳子从木杆的顶端拉下来,在地面上固定好。这种有固定经杆作用的牛毛绳又叫"经绳"。人们围着俄博也是顺时针转三圈。也有的年轻人骑马转三圈大圈子。大圈子就是把煨桑台、俄博和嘛呢经杆全都包括在里面。转完以后,人们争先恐后地往湖边拥过去,先掬起湖水来净手洗脸,再向湖心的方向诵经跪拜。然后,从怀里取出藏语叫作"代日则"的祭礼包来,用力投到湖里去。代日则礼包是用哈达或绸缎把五色粮食、酥油、茶叶、钱币等包裹起来做成的,外面用五彩毛线扎紧,也有人会在礼包里放金银珠宝。人们认为投到湖里的礼包下沉得越快越好,这被看作是"青海神"接受奠礼的吉兆。至此,民间祭海仪式结束。

　　4.阅读资料

　　1653年(清顺治十年),五世达赖喇嘛罗桑嘉措应清帝之召进京,受封后返回西藏的途中在沙陀这个地方宿营,并且在此主持了祭祀"青海神"的活动,自此,沙陀这个地方就成了宗教圣地。大约在1665年(清康熙四年),云游僧人多哇喇嘛把五世达赖赠给他的一尊四臂观音像作为主供佛像,在沙陀修建了经堂,这便是沙陀寺最初的宗教建筑。

四、沙岛简介

　　1.情景模拟

　　时间:2013年7月21日;
　　地点:前往沙岛的路途;
　　人物:地陪小王;
　　事件:地陪小王向游客讲解沙岛景点。

2. 角色扮演

小王：_____

_____。

3. 实训提示

沙岛位于青海省海晏县,这里每年举行的"青海湖沙岛国际沙雕节"已引起了国内外游客的关注,沙岛已成为了青海省的著名旅游景区。沙岛位于青海湖东北部,是青海湖区的重要组成部分,距省会西宁仅120km,属湿地型自然风景旅游区。它北倚同宝山与金银滩大草原相接,南海青海湖与151景区相望,东有金沙湾、小泊湖,与倒淌河、日月山相牵,西望海心山、尕海,与鸟岛相呼应。沙岛由金沙湾、银沙湾两部分组成,其间有沙岛湖、月亮湖、太阳湖、响湖,响脑儿湿地等景点组成,自然景观丰富多彩、特色鲜明、形态各异、自然成趣。南北宽3km,东西长30km有余,总面积约120km^2,由于沙丘连绵起伏,沙丘颜色不同,形态各异,因而是自然观光、滑沙、滑翔、快艇、沙地摩托、沙地健身、沙雕等项目的理想场所。

习题

1. 简述青海湖浏览景区。
2. 什么是"祭海会盟"？
3. 什么叫"龙达",具有什么含义？
4. 什么叫"代日则"？
5. 什么叫"俄博"？

任务三　原子城讲解

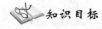

1. 熟悉原子城的地理位置；
2. 了解原子城景区构成；
3. 掌握原子城的景区基本知识。

1. 能对原子城景区进行导游词创作；
2. 能对原子城景区进行导游讲解。

一、原子城简介

1. 情景模拟

时间:2013年7月22日；

地点:青海省海晏县；

人物:地陪小王；

事件:地陪小王带领一个旅游团队,浏览原子城。

2. 角色扮演

小王:大家好！从省会西宁前往海北藏族自治州的首府——西海镇,也就是原子城所在地,路程大约120km,乘车约需2h的时间,利用这段时间,我给大家介绍一下"原子城"以及它周围一些主要景观的概况。

(1) _____
_____。

(2) _____
_____。

(3) _____
_____。

(4) _____
_____。

(5) _____
_____。

3. 实训提示

(1) 原子城位于我省海北藏族自治州州府海晏县西海镇，是我国第一个原子弹和氢弹的研制基地。1995年5月15日新华通讯社授权向全国宣布这个基地（原代号为221）。基地从1958年开始创建，到1995年退役的30多年间，在这块1179km^{2}的神秘禁区内，我国攻克了原子弹、氢弹的尖端科学技术难关，成功地进行了16次核试验，实现了武器化过程，生产出了多种型号的战略性武器，壮大了国威和军威，功在千秋！

(2) 这个由公安部队负责保密安全工作的基地对外称国营二二一厂、青海矿区等。从湟中上五庄水峡至海晏占地面积570km^2（建厂初期为1179km^2），基地建有18个厂区，4个生活区，建筑面积56.4万平方米，其中掩体、半掩体、地面厂房33.3万平方米，住宅及办公设施23.1万平方米。有铁路专用线38.9km，有沥青混凝土面标准公路75km。

(3) 原子城可供参观和游览的景点，仍然沿用着原基地留下的名称。如18甲区是原基地的政治和生产指挥中心，也叫将军楼，昔日王淦昌、朱光亚、邓稼先、周光召等著名的科学家曾在这里住过，他们为我国的核工业发展做出了艰苦卓绝的贡献。当年科学家和专业人员开展研究工作的科技大楼，现在已成为州政府机关和图书馆等单位，原先制造原子弹的车间已改成地毯厂、铝厂、冶炼厂和硅铁厂。过去遗留下的学校、影剧院、商场和医院等服务设施，今天仍然发挥着各自的作用，虽然都已进行过不同程度的装修，我们在参观中依然能够一睹这些建筑昔日的风采。一分厂原是负责机械加工、无线电控制和铀材料的研制和生产的，其中的原核部件加工车间内还可以看到暖气管道和机座痕迹。二分厂是半掩体式建筑，门口有哨亭，四周有瞭望角楼，围墙上有铁丝网，显得森严壁垒，这便是原来的总装车间，我国第一颗原子弹就是在这里总装后，装车运出去的。六分厂外观是一座小山，实际上是试验观察台，它是一个非常坚固的掩体建筑，金属墙厚达1.3m，是进行爆轰模拟试验的场地，在这里进行过数十次爆轰试验和穿甲弹穿透力和威力试验，而所用的材料全部是代用品，整个研制基地范围内从未使用核材料进行试验。离爆轰模拟试验场不远处的地方，有一处20m×20m的核污染物填埋坑，规模排在亚洲第一位，当地群众习惯称之为"亚洲第一坑"。在这里进行核设施终止使用后的无害化处理，核污染的地面去污，放射性的固体、液体和气体废弃物严格集中，深深填埋在地下，经过专家严格用精密仪器测试对比，环境质量达到或接近原来水平。其他还有分布在基地周围的弹头加工厂、总装厂、电厂、靶场、理化实验厂等七个分厂。

(4) 1993年6月，二二一厂核设施退役工程正式通过国家验收，移交海北藏族自治州，成为州府所在地的西海镇。1967年6月17日8时20分，中国第一颗氢弹宣告爆炸成功。从第一颗原子弹到第一颗氢弹,苏联用了4年,美国用了7年零4个月,法国用了8年零6个月,而中国仅仅用了2年零8个月。

(5)由张爱萍将军题字的"中国第一个核武器研制基地"的退役纪念碑高16.15m,象征着1964年10月16日15分我国成功爆炸第一颗原子弹,它是进入原子城的标志性景观。纪念碑的左右两侧是原子弹和氢弹爆炸时的烟云浮雕。它的整体造型像个整装待发、意欲冲天的火箭。最上面那棵银白色球体是1:1的原子弹模型,象征着圆梦,圆了中国人民拥有核武器的强国之梦。圆球下面棕红色的盾牌象征着防御,盾牌上面有九颗圆钉和一只和平鸽,象征着永久和平。正座造型意味着中国拥有着核武器,只是一种防御措施,一种自卫,中国希望世界永久和平。同时,这只和平鸽也是国营二二一厂的代号,他的两翼是背对着的大写字母E,中间的躯干部位是一个变形的大写字母Y,他的组合就是二二一厂这三个字母的拼音缩写。"221"这三个数字象征着二机部的第二十一个单位。纪念碑下的这9层台阶,据说有两层意义,最上面的2层与下面的7层在宽度上略有区别,最上面两层象征着二机部,而与下7层连接起来,象征着北京第九研究所。

4. 知识链接

三 角 城

位于海晏县县城西北1km的银滩乡,有一座建于西汉末年王莽秉政时期的故城——西海郡城遗址,俗称"三角城",属全国重点文物保护单位,距今已有2000多年的历史,是建于青海年代最早、规模最大的一座郡级建制的古城(汉代实行郡县制)。据《丹噶尔厅志》记载,古城东西长约650m,南北宽约600m,此城原是正方形的,并筑有高12m、上宽2m、下宽8m的城墙,后经风雨侵蚀,东南角城墙坍塌,呈三角形状,故称"三角城"。考古专家曾在城内采集到西汉时期的五铢钱、货币、货泉、大泉五十等钱币以及东汉时期的《西海安定元兴元年作当》铭文瓦当、唐代莲花文瓦当、宋代"崇宁重宝"、"圣宋元宝"等钱币,出土了一批珍贵文物。其中有一尊虎符石匮,上为石虎,下为石匮。石虎是由花岗石雕凿而成,身长1.5m,高0.5m、背宽0.6m,虎尾夹于后腿并搭在背上,欲跃而起的神态。石匮长1.4m、宽1.2m、高约1m,中央有一个凹坑,石虎正好镶嵌其中,石匮正面凿有"西海郡虎符石匮始建于元年十月癸卯工河南郭戌造"篆字铭文,是我省迄今发现最早有铭文的石刻之一。西海郡是中国封建社会前期最远的边关,管理着青海湖大片土地,直至王莽政权崩溃,西海郡才逐步销声匿迹。

二、金银滩草原简介

1. 情景模拟

时间:2013年7月22日;

地点:青海省海晏县;

人物:地陪小王;

事件:地陪小王带领一个旅游团队,浏览金银滩草原。

2. 角色扮演

小王:大家好!欢迎您来到美丽的金银滩草原观光旅游!

(1)_____

_____。

(2)_____

_____。

(3) _____
_____。

3. 实训提示

(1)金银滩大草原,位于青海省海北藏族自治州,距离西宁市大约160km,它的西部与青海湖相临,北、东部是高山峻岭环绕,南部与三角城接壤,方圆1100km², 有麻皮河和哈利津河贯穿其中。

(2)金银滩在藏语里,意思是"盛满酥油的草滩"。也据有关藏文资料记载,称"金银滩"为"扎西雅莫塘",意思是"吉祥的盛夏草原"。金银滩分为金滩和银滩,一条小河穿流其间,北岸草滩上盛开着一种叫金露梅的金黄芳香的小花,故称金滩;南岸草滩上则是洁白如银的银露梅,谓之银滩。

(3)这片草原就是著名音乐家王洛宾先生创作的情歌《在那遥远的地方》的采风之地。走进这片神奇美丽的草原,你的耳边就会响起"在那遥远的地方,有位好姑娘……"。

故事发生在1939年的夏天,草原上风景如画。中国电影创始人之一的郑君里,率摄制组千里迢迢来到金银滩草原,拍摄一部名叫《祖国万岁》的影片,当时王洛宾先生也应邀参加。摄制组在青海湖畔金银滩草原开机。郑君里请当地同曲乎千户的女儿萨耶卓玛扮演影片中的牧羊女,王洛宾被临时指派与萨耶卓玛一起放牧。此时的卓玛正是情窦初开的少女,她头发梳成了多条小辫披在身后,两只大眼睛闪射着大胆而炽烈的光芒。那时金银滩上有个说法:"草原上最美的花儿是格桑花,青海湖畔最美的姑娘是萨耶卓玛。"王洛宾一边陪卓玛放牧,一边听卓玛唱藏族民歌。有一天放牧归来,卓玛在羊圈边清点羊群,王洛宾一直注视着她。当卓玛抬头的瞬间,突然看见王洛宾的双眼很快躲向一边。这时卓玛的脸变得很红,她举起手中的鞭子,狠狠地向王洛宾的背部抽了一鞭子,然后,转身跑回了自己的帐篷……就这样,"抽"出了一首世界经典名曲《在那遥远的地方》。这首传世之作,从1939年问世便不胫而走。世界著名歌唱家保罗、罗伯逊、多明戈、卡雷拉斯等人都将这首歌作为保留曲目,唱遍了世界各地,法国巴黎音乐学院将这首歌编入学院东方音乐课程教材。

为纪念人民音乐家王洛宾先生诞辰90周年,暨著名歌曲《在那遥远的地方》传唱64周年,2003年7月28日,王洛宾文化广场在青海省海晏县落成,广场占地5000m²。以王洛宾先生创作的《在那遥远的地方》和《半个月亮爬上来》为主题的大型石雕坐落在广场两侧,王洛宾先生的巨型汉白玉雕像耸立在广场中央。"王洛宾文化广场"七个大字篆刻在一块高8m、重26t的巨石上。

4. 知识链接

<h3 style="text-align:center">白 佛 寺</h3>

白佛寺,白佛藏语称为"夏茸尕布"。明朝万历年间西藏高僧措尼嘉措受三世达赖喇嘛之命来青海弘扬格鲁派教法,被尊称为拉莫活佛,封为察汗诺门汗(即夏茸尕布)。这就是白佛寺的由来。该寺始建于1916年,历经4年建成土木结构的大小经堂和白佛府邸,金碧辉煌,光彩夺目。寺内藏有《甘珠尔》全套大藏经、鎏金铜狮和大象等珍品。十世班禅大师生前曾两次莅临白佛寺讲经弘法,成为青海省颇有名气的佛教寺院。

习题

1. 请简述原子城纪念碑。
2. 什么是虎符石匮?

任务四　互助土族风情讲解

知识目标

1. 熟悉互助县的县情；
2. 掌握土族的族源及语言；
3. 掌握土族的风俗。

技能目标

1. 能对互助土族风情进行导游词创作；
2. 能对互助土族风情进行导游讲解。

一、互助县简介

1. 情景模拟

时间：2013年7月23日；

地点：前往青海省互助县路途中；

人物：地陪小许；

事件：地陪小许带领一个旅游团队，前往互助县。

2. 角色扮演

小许：各位游客们，大家好！今天我们前往的是西宁市后花园，被青海人民誉为彩虹之乡的互助县。这里请容许我向大家介绍一下互助县及土族的基本情况：

(1)_____

_____。

(2)_____

_____。

(3)_____

_____。

(4)_____

_____。

3. 实训提示

(1)互助土族自治县是我国唯一的土族自治县。位于青海省东部，祁连山南麓，北倚祁连山脉的达坂山，与海北藏族自治州的门源回族自治县接壤，东北部与甘肃省天祝藏族自治县毗邻，东南部与乐都县相连，距省会西宁市32km，总面积3320km²，平均海拔为2700m，比西宁高出500m左右，是国家4A级景观区。

(2)关于土族的族源问题，众说纷纭，其中主要有：以古代吐谷浑人为主体，融合元代蒙古驻军，逐渐形成为现在的土族；以古代阴山白鞑靼人为主体，后来融合了元代蒙古驻军，逐渐繁衍发展成现在的土族。这两种说法都有一定的理论根据和史料依据。因此，土族人自称"蒙古勒"或"察汗蒙古尔"。互助县1930年建县，1954年改互助土族自治区，于1955年改自治区为县，正式成立了互助土族自治县，辖21个乡、镇。

(3)土族语言属阿尔泰语系蒙古语族,分互助、民和、同仁三大方言区,但是没有本民族文字。1979年创制了以拉丁文字母为基础、汉语拼音字母为字母形式的文字。

(4)土族主要信奉佛教,同时也信苯教、道教和民间宗教。该县是青海省的主要农业县之一,出产小麦、青稞、豌豆、蚕豆、马铃薯、沙棘、胡麻和油菜籽等各类农产品。

4.知识链接

互助北山公家森林公园

北山国家森林公园,位于互助土族自治县东北部的青石岭和冷龙峡之间,处于青海、甘肃两省的结合部,总面积11.3万公顷,森林覆盖率达62.6%,公园距自治县首府威远镇约70km。

公园所在地包括巴扎乡和加定乡两个行政区域,森林中动植物资源十分丰富。据考察,植物资源有千余种,现已定名的高等植物有92科,391属,981种,被誉为"青海高原上的植物王国"。主要的乔木树种有青海云杉、油松、祁连圆柏、杨树(山杨和冬瓜杨)以及各种桦树(红桦、白桦等)。具有观赏价值的草本植物达300余种,主要有蔷薇、忍冬、小檗、枸杞、卫矛、金露梅、杜鹃等。还有许多珍贵著名的花卉,如稀世名花绿绒蒿花,全世界只有40多种,这里就有3种;被称之为"灌木花卉之王"的杜鹃花,在这里有20多个品种;素有"高山名花"之称的报春花、龙胆花、唐古特铁线莲、川赤芍、山丹花、鸢尾花等满山遍野,分布十分广泛。这里还有无污染且营养价值极高的蕨菜、柳花菜、鹿角菜、雪山木耳和野蘑菇,是备受推崇的绿色食品,很受海内外旅游客人的青睐。

良好的生态环境,为野生动物的繁衍生息提供了得天独厚的条件,林区内野生动物有190多种,其中兽类42种、鸟类139种、鱼类14种,列入国家一、二类野生保护动物的有35种,如狍鹿、猞猁、岩羊、獐子、狐狸、雪豹、马麝、马鹿、棕熊、水獭和蓝马鸡、雪鸡、环颈雉、石鸡、金雕等。

公园由元甫达坂、浪士当、卡索峡、扎龙沟和下河峡五个景区组成,主要特色是"雄""奇""险""秀"。

二、土族的风俗

1.情景模拟

时间:2013年7月23日;

地点:青海省互助县;

人物:地陪小许;

事件:地陪小许带领一个旅游团队,体验互助土族风情。

2.角色扮演

小许:大家好!欢迎您来到彩虹之乡——互助。土族是中国人口较少的民族之一,其中青海省境内的土族约占全国土族总人口的85%。下面我们来了解一下土族独特的服饰。

(1)_____

_____。

(2)_____

_____。

(3)_____

_____。

(4)_____
_____。

(5)_____
_____。

(6)_____
_____。

(7)_____
_____。

3. 实训提示

(1)土族青年男子，头戴织锦镶边、帽边卷起的绒毡帽，多为白色或黑色，穿斜襟，袖口镶有黑边，胸前镶有一块13cm见方的彩色图案，绣花高领的白短褂，外套黑色或紫色的坎肩，腰系绣花长腰带，下穿蓝色或黑色大裆裤，脚穿花云子鞋（鞋帮上绣有云纹盘线图案或朵朵碎花）。

(2)青壮年妇女一般身着小领、斜襟长衫，两袖套红、黄、绿、紫、兰五色彩布做成的花袖（取金、木、水、火、土五行之说），有的还加上黑与白两色表示阴阳，故有"七色彩虹"之称；腰系彩带，彩带两端有刺绣或盘线的花纹图案；下穿镶有白色的绯红白褶裙，上配黑色、紫红色或镶花边的蓝色坎肩，裤子膝下套着黑色或蓝色的一节裤筒，足穿绣花长腰鞋；头带"拉金锁"、"圣贤魁"毡帽或礼帽（帽上插有各色鲜艳的花朵），身上还佩挂着许多小佩饰，显得鲜艳夺目，婀娜多姿。

(3)土族的民居也有自己的特色，一般都是单门小庭院，筑有正方形的围墙，墙半腰用白卵石镶嵌宝塔形图案，墙头四角砌有卵石，门面墙壁用白土抹光或用白灰粉刷白，显得十分整洁、美观。院内建有2～4面土木结构的房屋，多为五檩、七檩和二加七檩的骑脊大房，以3间正房和2间角房配伍为一组的结构形式建造。正房当中1间为堂屋，两边耳房分别为卧室、佛堂或库房。正房门面柱头上有许多雕刻装饰，如麒麟、狮虎、杜鹃、凤凰、孔雀、花卉、海螺和宝伞等，雕工精细，栩栩如生。角房一般为锅头连炕的厨房（就是锅灶连着火炕而建，饭熟了炕也煨热了）或是草房畜圈。庭院的大门多为单扇，门顶上还有1间小门楼。院子正中砌有圆槽，圆槽中央竖有嘛呢旗杆，上端挂经幡，下端拴牲畜，朝上房的一面设有香炉。庭院的地面一般都用石头铺砌，一直铺到大门外，有条件的家庭还精心在铺石路面中镶嵌各种彩石，制成各种花纹图案，十分讲究和气派。

(4)到土族人家去做客，一般情况下要喝3次"三杯酒"，即全家人在大门口迎接客人时要敬你"临门三杯酒"，到家里上炕入座时再敬"吉祥如意三杯酒"，等客人席罢出门时又敬"上马三杯酒"，预祝客人归途一路平安。诸位作为远道而来的嘉宾，更要尊重当地的风俗，这酒是一定要喝的，不过可以按照自己的酒量，少酌慢饮。按照当地的风俗，喝酒前，请用无名指在酒盅中蘸一点酒，然后向空中弹3下，以示敬天、敬地、敬佛，然后再端起酒盅饮酒。

(5)土族人民的婚礼，要分几个程序进行。第一步是说媒。由男方请两位媒人带上哈达、锟锅馍和酒等礼品到女方家说亲，如果女方不同意这门婚事，会把礼品原封不动地送回男方，若同意这门亲事，将退回空酒瓶。第二步是定亲。仍由媒人出面带上用红布包好的2瓶酒、16个花卷、一双鞋一方手巾、一个针扎等礼品去女方家商议订婚事宜，媒人和男女双方共同认定子女的婚姻关系之后，女方要回赠2瓶用蓝布包起来的酒，这种仪式叫作互赠酒瓶。第三步是讲礼。即与女方共商吉日良辰送彩礼的事宜，彩礼的内容十分丰富，最后是干礼（现金），依据家境而定。送礼之后,整个娶亲的准备工作即告就绪。第四步就是结婚仪式。结婚的前一天是女方的出嫁之日,需宴请亲朋好友,男方则在这一天下午请两名能歌善舞、能说会道的"纳什金"(即娶亲者)带上娶亲的礼品和新娘穿戴的服饰、首饰并拉一只白母羊(象征着纯洁兴旺和财富)到女方家娶亲。此时,一般女方故意不给纳什金开门,并由阿姑们唱起悦耳的山歌,让纳什金对歌,并从门顶上向纳什金身上泼水,以示吉祥。次日黎明前,鸡叫头遍是举行正式婚礼的良辰吉时,先给新娘改变发式,穿戴新娘服装,随后举行新郎冠戴仪式,由岳父亲手给女婿穿戴衣帽鞋袜,颈系哈达,腰系红带。礼毕之后行上马仪式,阿姑们同唱上马曲,诉说父母的养育之恩,哥嫂照顾之情和亲人们难舍难分之意。并由新娘的哥哥、姐夫等同村人组成的送亲喜客护送新娘到男方家。送亲路上,沿途各村凡新娘家的至亲,都要备酒致贺。到达婆家之后,由喜客中推举长者或德高望重的人充当主持人,他高擎酒杯、朗诵祝词,并向院内点燃的柴堆上浇酒(以示避邪),与此同时,新郎新娘向天地众神和父母尊长行三叩头礼,再向院内泼水以示洗礼。礼毕后将一对新人送入洞房,届时亲戚和四邻前来祝贺的人入席参加婚宴。

(6)"安昭舞",土语叫"千佼日",意思是弯曲转圈,是土族民间源远流长的主要舞蹈形式,是表示欢快和祝福的一种表演。安昭舞是一种无伴奏的、歌舞相结合的古老集体舞蹈,先向下弯腰,同时两臂随舞步而左右摆动,迈第一步时向右摆动,迈第二步时向左摆动,第三步左脚高跳随之身体向右转一圈,即为一个舞蹈动作。

(7)族传统体育活动项目——轮子秋。严格地说,轮子秋属于秋千的一种,最早的架设方法是就地取材,把大板车的车轴竖起来,在下轮上压上碌碡等重物固定结实,在上轮上用绳索固定一架梯子,在梯子两端拴上等长的皮绳即为轮子秋,土族群众称之为"卜日热",就是陀螺的意思。伴着悠扬的乐曲,随着轮子的飞速旋转,姑娘们和小伙子跳上轮子秋,做出"寒鹊探梅""金鸡独立""猛虎下山"等各种姿势优美的造型。

土族传统体育活动项目在2008年北京夏季奥运会的开幕式中展示了"她"的风采。

习题

1. 请同学们说说如何预防高原反应?
2. 请简述土族的族源?
3. 请简述土族的语言?

任务五 柳湾彩陶讲解

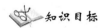

知识目标

1. 熟悉柳湾遗址的地理位置;
2. 掌握柳湾遗址的文化类型;
3. 掌握柳湾彩陶的纹理及出土文物类型。

技能目标

1. 能对柳湾遗址进行导游词创作;
2. 能对柳湾遗址进行导游讲解。

一、柳湾遗址的概况

1. 情景模拟

时间:2013年7月24日;

地点:乐都柳湾遗址;

人物:地陪小许;

事件:地陪小许带领一个旅游团队,参观游览柳湾遗址。

2. 角色扮演

小许:各位游客们,大家好!柳湾是一处原始社会晚期墓地,是目前我国考古发掘中最大的一处氏族公共墓地,被誉为"彩陶王国",在国内外享有盛名。

_____
_____。

3. 实训提示

柳湾距省会西宁市77km的乐都县高庙乡柳湾村,占地面积约11.25km², 发掘清理墓葬1691座。这个墓地不仅墓葬数量多,出土遗物也十分丰富。共出土各种生产工具、生活用具、装饰品等文物共37000余件。其中,包括有马家窑文化的半山、马厂类型和齐家文化、辛店文化、卡约文化的文化遗存。

二、柳湾文化遗址简介

1. 情景模拟

时间:2013年7月24日;

地点:柳湾彩陶博物馆大厅的沙盘前;

人物:地陪小许;

事件:地陪小许带领一个旅游团队,游览柳湾彩陶博物馆。

2. 角色扮演

小许:游客朋友们!首先由我向大家介绍一下柳湾遗址的文化类型。

(1)_____
_____。

(2)_____
_____。

(3)_____
_____。

(4)_____
_____。

3. 实训提示

(1)请大家先来看沙盘东边的第一个台地,它就是集中分布在柳湾墓地的马家窑文化半山类型的墓葬。半山类型墓葬共257座,马家窑文化半山类型的墓葬形制多见长方形或圆角长方形竖穴土坑墓,墓葬距地表较浅,一般深0.2~0.5m,墓坑大的长3.9m、宽1.66m,小的长1m、宽0.37m,最深者距地表达2.47m。

葬法有单人葬和合葬,既有成年墓也有儿童墓。葬具多选用松柏木树干制成。木棺可分为梯形木棺和吊头木棺两种。梯形木棺即一头大一头小呈梯形的木棺。吊头木棺与梯形木棺不同之处是两侧板伸出挡板0.1~0.3m,这种伸出挡板外的部分,称为"吊头"。

随葬品的摆放位置,各墓情况不尽相同,但大部分有一定规律。陪葬品一般放在棺内,陶器等生活用品多放在头部附近和脚下方,生产工具多放在腰部或手臂旁,装饰品多放在头部、颈部或胸前。

半山类型的人们曾盛行同性合葬与多人丛葬的埋葬习俗,这是当时社会性质尚处于以母性为中心的氏族公社阶段的反映,同时也说明当时婚姻形态处于对偶婚阶段。

出土的生产工具以石器为主,有石斧、锛、凿、刀、球、纺轮与骨锥、刀镞等。生活用具主要是陶器,以手制陶器为主,一般采用泥条盘筑法。彩绘都是在入窑前绘在陶坯上的,触水不脱。纹饰的颜色,多半是橙黄色或砖红色。器形主要有壶、钵、盆、罐等。

彩绘花纹主要是几何图案,最有代表性的花纹是黑红两色相间所组成的锯齿纹,还有平行条纹、波折纹、菱格纹、锯齿纹、半圆纹、圆圈纹、回形纹、旋涡纹和葫芦形纹等10多种。装饰品多为石制与骨制的串珠、绿松石饰、石臂饰等。

(2)现在我们看到的是马厂类型的墓葬,主要分布在柳湾坪的中间台地上(也就是沙盘的中部)。墓葬以长方形竖穴土坑墓为主,其次是带有墓道的洞室墓。墓式分为单人墓与合葬墓两大类,葬式分为仰身直肢葬、二次葬和屈肢葬3种。

马厂类型早期的人们埋葬习俗与半山类型相类似,都存在多人丛葬,同时出现了成年男女合葬的现象,说明当时虽然仍处在母系氏族公社阶段,但已经开始向父系为中心的氏族公社阶段过渡了,开始由对偶婚阶段向一夫一妻过渡了。

在872座马厂类型墓中,随葬的生产工具主要有石斧、石锛、石凿骨针、骨镞、纺轮等。装饰品有绿松石饰、串珠、石臂饰、蚌壳等。马厂类型的彩陶纹样品类繁多,充分显示了原始社会人们的绘画工艺技巧和艺术欣赏水平,也反映了人们的一定意识形态。

马厂类型彩陶的基本纹样包括圆圈纹、蛙形纹、几何形纹三大类。这三大类纹样及其变体纹样,构成了马厂类型彩陶纹饰的独特风格。

在原始氏族公社阶段,还没有出现真正的文字,但马厂类型的原始居民已经使用各种不同形式的简单符号,代表一定客观事物的意义。这些符号绝大多数画在饰有彩绘图案的陶壶的下腹部,少数画在陶壶或其他器物的底部,仅有个别画在器物的颈部。这些符号都是陶器未入窑前用毛笔之类的工具画上去的,简单而规整。

马家窑文化马厂类型的彩陶纹符号形状大致可分两大类,一类是几何形符号,另一类是动物符号。在几何形符号中,由点、横、竖、斜等点线组成。动物符号共有犬、鸟、牛、羊、虫5种。

(3)现在我们看到分布在沙盘西边台地上的墓地就是齐家文化的墓葬地,共366座墓葬。这里的随葬工具以石制的生产工具为主,多由比较坚硬的石料制成,还有骨制或陶制的,按其器形可分为石斧、锛、刀、凿、镰、钻、矛、球、纺轮与骨镞、锥、针等。墓葬中出土的生活用具主要是陶制器皿,按其陶质可分为泥质红陶、夹砂红褐陶和泥质灰陶3种。陶容器以平底器为主,圆足器次之,三足器占少数。

(4)辛店文化墓葬主要分布在柳湾墓地北部的山顶上,墓葬形制与别的文化类型稍有不同,为圆形或椭圆形竖穴土坑墓。坑一般较浅,距地表约0.5m。

青海省各地出土了很多珍贵的彩陶,在这里展出陈列的除柳湾出土的彩陶之外,还有青海省大通县上孙家寨遗址、民和县阴山墓地、循化撒拉族自治县苏乎撒遗址、同德县宗日遗址出土的数百件不同文化类型图案、造型、纹饰且具有代表性的彩陶,都是我国远古彩陶艺术中不可多得的珍品。

大家请看这个人像彩陶壶,陶壶的颈腹部塑着一个全身裸体人像,虽然五官俱全,但部位的配置不符合全身的比例,是用了极其夸张的手法,很难确定它是男性还是女性,因此,称为"阴阳合体壶"。大家看这只壶像不像在水中浮游的鸭子,所以取名为"鸭形彩陶壶"。这是一只出土于大通县上孙家寨遗址的"舞蹈盆",盆壁内绘有15个舞蹈者,手足相连围成一圈,似乎伴随着音乐的节奏正在翩翩起舞,而舞姿又是那么轻盈,体态又是那么婀娜多姿,展示出青海高原先民们当时美好的生活情景。这只彩陶盆是在同德县宗日遗址出土的。大家看,它的口沿上绘有弧线三角纹和短斜线纹,显得十分自然而匀称,内壁分别绘有11人和13人的舞蹈场面,因此,叫作"舞蹈纹彩陶盆"。

习题

1. 请解释阴阳合体壶。
2. 请说明柳湾遗址马家窑文化半山类型墓葬中,出土的生产工具有哪些?
3. 请说明柳湾遗址马家窑文化马广类型墓葬中,出土的彩陶纹饰有几类?

任务六　热贡艺术讲解

知识目标

1. 熟悉热贡的地理位置及基本内容;
2. 掌握热贡艺术的艺术精品及著名的艺人;
3. 掌握热贡艺术的形式。

技能目标

1. 能对热贡艺术进行导游词创作;
2. 能对热贡艺术进行导游讲解。

一、热贡艺术之乡概述

1. 情景模拟

时间:2013年7月28日;

地点:青海省黄南藏族自治州同仁县隆务镇;

人物:地陪小张;

事件:地陪小张带领一个旅游团队,参观游览热贡艺术之乡。

2. 角色扮演

小张:欢迎大家来到热贡艺术之乡同仁县。

3. 实训提示

闻名于世的"热贡艺术"形成于青海省黄南藏族自治州的同仁地区。"热贡"一词为藏语,即同仁地区;"热贡艺术"是泛指同仁地区藏传佛教文化中的装饰艺术,其工艺有彩绘、唐卡、

泥塑、木雕、木刻、堆绣、建筑装饰等;"热贡艺术之乡"是指在同仁县的隆务河两岸,坐落着吾屯、年都乎、尕赛日、郭玛日和脱加 5 个自然村,村里聚集着许多从事藏传佛教艺术的能工巧匠,他们的手艺世代相传。1981 年,中共青海省委批准正式命名为"热贡藏族艺术"。

二、热贡艺术的精品及代表人物

1. 情景模拟

时间:2013 年 7 月 28 日;

地点:青海省黄南藏族自治州同仁县隆务镇;

人物:地陪小张;

事件:地陪小张向游客介绍热贡艺术的精品及代表人物。

2. 角色扮演

小张:游客朋友们! 热贡艺术的精品首当其冲是被收入《世界吉尼斯纪录大全》的《中国藏族文化艺术彩绘大观》了。

(1)_____

_____。

(2)_____

_____。

3. 实训提示

(1)《中国藏族文化艺术彩绘大观》是目前世界上最长的卷轴画。该卷长 618m、宽 2.5m,面积约 1500m²,重约 1.5t。《彩绘大观》上有唐卡 700 多幅,不同的堆绣图案 3000 多幅,共分为七部分。第一部分:世界形成;第二部分:历史;第三部分:宗教;第四:大众文化;第五部分:民俗民情;第六部分:名胜古迹;第七部分:装饰图案。这幅画卷以藏族历史和藏传佛教各教派源流为主线,将藏族人民对宇宙和地球的形成、对人类的产生和演变以及对未来世界的认识,用图像的形式直观地表现出来,将藏族历史、宗教、文化、民俗等百科知识融为一卷,内容浩瀚精深,堪称藏族文化的百科全书。

该卷由当代藏族著名唐卡工艺美术师宗者拉杰历时 27 年设计策划,组织青、藏、甘、川、滇五省区 400 区位藏、蒙、汉、土族顶尖工艺美术师历时 4 年精心创作完成的。采用天然绘画颜料,绘画颜料有金、银、珊瑚、玛瑙、珍珠、宝石等多种矿物颜料,加上藏红花、大黄等植物材料加工配制而成,保证彩绘画面色彩尤为鲜艳并长久不变色。现保存在中国藏医药文化博物馆。

(2)夏吾才让是热贡藏画之乡的老艺人之一。1922 年 6 月出生在青海省黄南藏族自治州同仁县的吾屯上庄。被授予"中国工艺美术大师"的荣誉称号。曾任热贡艺术馆顾问、州政协委员、美协青海分会常务理事等职。1929 年,夏吾才让在五屯上庄寺院开始学习绘画,1940 年他跟随我国国画大师张大千在甘肃敦煌协助临摹壁画 2 年,受益匪浅,在浩瀚的敦煌艺术之海中,开阔了眼界,提高了绘画技艺水平和绘画鉴赏能力。1945 年,夏吾才让 23 岁出师。夏吾才让的一生,完全投身于藏传佛教绘画艺术之中,是对藏族绘画艺术的继承、发展、探索的一生,其代表作有《释迦牟尼本生图》《四大天王》等。

三、热贡艺术的类型

1. 情景模拟

时间:2013 年 7 月 28 日;

地点:青海省黄南藏族自治州同仁县隆务镇;
人物:地陪小张;
事件:地陪小张向游客介绍热贡艺术的类型。

2. 角色扮演

小张:游客朋友们!热贡艺术的工艺类型可分绘画、雕塑和堆绣。

(1) _____
_____。

(2) _____
_____。

(3) _____
_____。

3. 实训提示

(1)绘画工艺有壁画、唐卡、图案等。藏语称彩绘为"唐卡",无论是壁画、唐卡、图案均为彩绘。这里的"唐卡"一词是布面卷轴画的代名词,也可译为"藏式卷轴画"。壁画从工艺上可分木框绷布壁画和墙壁绘制壁画两种。木框绷布壁画也叫布面壁画,一般多镶饰在寺院主殿墙壁和经堂墙壁等处;墙壁绘制壁画多绘于寺院回廊和墙裙等处。唐卡则是格式较为固定的小幅画面,以精细称道。绘画技巧和风格,一般采用单线平涂、略加晕染的技法,即色线勾勒和色块勾填的方法。使画面线条流畅、设色匀净,尤其是人物面部,呈过渡染色,突出了面部的肌肉结构,使得生动传神。

(2)雕塑工艺分为泥塑、木质雕刻、砖雕等。泥塑是热贡艺术的主体之一,分主体造型和平面浮雕两种,效果有彩绘和单色(金色)之分,立体造型即圆雕的泥塑佛神像,有大小不等的各种佛神像,作为供奉之用,工艺过程大致为选型定稿、泥料加工、龙骨搭架、轮廓塑形、局部调整及金饰或彩绘等。木质雕刻可分木雕、木刻两大类,木雕大多为立体圆雕或透雕,造型有神佛像、蟠龙柱及供奉用具等,有彩绘或涂金单色;木刻一般为平面浮雕作品,大部分用于寺院建筑、佛神像及木范模、经文板刻饰等。砖雕为寺院建筑装饰,有立体和平面之分,寺院殿脊及角檐为主体造型。

(3)堆绣作品有堆绣唐卡、堆绣帏幔、堆绣柱饰及其他饰品等。其材料是选择多种颜色的、带有各种图案的丝绸锦缎,将画面人物、动植物等形象,进行准确的裁剪和组合,工艺程序和艺术效果有两种:一是将民间刺绣工艺与填充浮雕相结合的软浮雕,为传统缝纫工艺,在突起的立体结构上,加以色彩处理,更具完美的浮雕效果;二是在缝纫裁剪的基础上延伸和发展,用软面料剪刻成形,用粘贴的方法进行组合拼接,表现出平整规则的浮雕剪堆效果,并应用于唐卡格式,其色彩均匀、干净明快、装饰性极强;如宝珠、祥云、海浪、山崖造型,采用色度推移的表现手法,使图案的色彩感、立体感、层次感和变化感均为加强。

习题

1. 什么是热贡艺术?热贡艺术之乡指的是哪里?
2. 热贡艺术有哪些类型?分别是怎样的?
3. 请简介《中国藏族文化艺术彩绘大观》。

任务七　隆务寺讲解

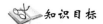知识目标

1. 熟悉隆务寺的地理位置及其历史沿革；
2. 掌握隆务寺的建筑格局。

技能目标

1. 能对隆务寺进行导游词创作；
2. 能对隆务寺进行导游讲解。

一、隆务寺的历史沿革

1. 情景模拟

时间：2013 年 7 月 28 日；

地点：青海省黄南藏族自治州同仁县隆务镇；

人物：地陪小刘；

事件：地陪小刘带领一个旅游团队，参观游览隆务寺。

2. 角色扮演

小刘：游客朋友们早上好！今天由我为大家进行导游服务工作，希望大家能够满意。现在我们前往的是隆务寺，它在安多地区，其规模、地位、影响仅次于塔尔寺和拉卜楞寺的一座格鲁派大寺，藏语全称为"隆务德钦琼科尔朗"，意为"隆务大乐法轮洲"。它已有 600 多年的历史，属全国重点文物保护单位。

(1)_____

_____。

(2)_____

_____。

(3)_____

_____。

3. 实训提示

(1)隆务寺位于隆务河中游河畔，坐落在同仁县隆务镇的西山坡下，距西宁市 181km。

(2)相传在很早以前，一位来自西藏的僧人到隆务一带藏区传经布道。有一天，他来到隆务河上游的麦秀林区，涉水渡河时，不料被河水冲倒。滔滔的河水将他从麦秀的瓜什则一直冲到今天的隆务镇附近，他却安然无恙地爬上岸来。上岸一看，发现这里山水环合，环境幽雅，景色如画，是一片神奇的土地，于是建起了一座小寺院，这便是后来的隆务寺。

(3)据《安多政教史》记载，早在 1301 年(元大德五年)，这里已建有藏传佛教萨迦派小寺，至 1426 年前后，当地名僧三木旦仁钦与其胞弟罗哲森格，维修并扩建了该寺。三木旦仁钦的祖父拉杰扎那哇出生于前藏念唐拉山下的丹科绒吾，是一位专修明咒的瑜伽师，并擅长医术。他受萨迦派五祖之一的八思巴指派，来到隆务，修建了萨迦派小寺——执卡贡康，意为"石山上禅堂"，又称"执卡夏日"，意为太阳初升即能照到的石山。其子隆钦多代本为隆务土官，生有 9 子，长子即为三木旦仁钦。他自幼出家，曾拜夏琼寺(今青海化隆县境内)创建者顿

珠仁钦为师,并受比丘戒。顿珠仁钦也是格鲁派创始人宗喀巴的启蒙老师。其后,三木旦仁钦以当地萨吉达百户为施主,1370年(明洪武三年),正式建成隆务寺。三木旦仁钦的胞弟罗哲森格,是一位佛学造诣极深的高僧,受到明宣德皇帝的器重,被封为"弘修妙悟"国师,正是他后来扩建了隆务寺。其后,该家族中又有五人得到国师封号。

1630年(明崇祯三年),被认定为三木旦仁钦转世的第一世夏日仓雅杰噶丹嘉措主持隆务寺,修建了显宗学院。二世夏日仓阿旺赤列嘉措,修建了密宗学院。三世夏日仓格敦赤列拉杰修建了时轮学院,隆务寺已具有相当规模,寺僧多达2300多人。清朝乾隆皇帝封三世夏日仓活佛为"隆务呼图克图宏修妙悟国师",成为隆务寺寺主和隆务寺所属十二族政教首领,并历辈转世。

二、隆务寺的主要建筑

1. 情景模拟

时间:2013年7月28日;

地点:青海省黄南藏族自治州同仁县隆务寺;

人物:地陪小刘;

事件:地陪小刘向游客讲解隆务寺建筑。

2. 角色扮演

小刘:游客朋友们!现在请跟随我一同参观游览隆务寺吧。

(1)_____
_____。

(2)_____
_____。

(3)_____
_____。

3. 实训提示

(1)大经堂是寺院的主体建筑,前后经过了几次修缮。它位于寺院中央,系汉藏合璧式建筑,建筑面积达1700m^2有余,周长170m,分前后殿,前殿为经堂,后殿为护法殿。有雕龙巨柱18根,是周长150cm,高12m的通天柱,短柱146根。前殿为2层楼房,藏式平顶建筑;后殿为3层楼房,1、2层是藏式建筑,第3层是汉族宫殿式单檐歇山顶建筑。楼正脊中央装有法幢,两端各饰一条砖雕飞龙。前殿11间,两边各占3间,中间5间为正殿,廊房墙面各有四大天王像,大红漆门,虎头门环,威严庄重。屋顶四角竖立四法幢,正面顶部竖有法轮和镀金铜跪犀。殿内供奉有释迦牟尼佛等数十尊塑像,其中宗喀巴大师像高11m,底座周长26m,通体镀金,镶嵌有众多的珍珠和红绿宝石,雍容华贵,金碧辉煌。殿内还珍藏着1596年(明宣德元年)朝廷所赐镇寺之宝释迦牟尼镀金像,还有许多经典,如《甘珠尔经》《宗喀巴师徒三尊全集》《夏日仓噶丹嘉措全集》等藏文经籍。

(2)密宗学院坐落在大经堂后面,"文化大革命"中被毁,1988年重建。该院系宫殿式建筑,屋顶有法轮、法幢装饰,殿内供奉着大威德、胜乐、三大金刚和六臂法王护法神等神像。

(3)观音殿中主要供奉着三头六臂造型的观音像,中间为慈悲相,左面为愤怒相,右面为白牙上出相,共有6只手,其中1只手作施无畏印,余下5只手分持莲花、三叉戟、钺、斧、如意宝杖。殿内墙壁上绘有32种观音应化身形,有慈眉善目的,也有显怒相的。

隆务寺外围建筑有 5m 高的围墙,东、南两侧分别开有大门,门楼上安有嘛呢经轮,即六字真言经轮。把印就的佛教六字真言及其他经文缠绕于中轴,卷成筒状,以转经轮代替诵经。

4. 阅读资料

隆务寺宗教活动主要有:

每年农历正月里举行祈愿大法会,届时十八子寺的僧众都要赴会。这种法会起源于 1409 年宗喀巴大师在拉萨举办的祈愿法会,隆务寺祈愿法会由二世夏日仓❶于 1732 年开创。法会自正月初七开始,正月十六结束,历时 10 天,其间有正月十四的晒佛、正月十五的转弥勒佛、正月十六的跳神舞等活动。

农历三月十五日是释迦牟尼成佛后讲授时轮金刚本源的日子,这一天由时轮学院主办时轮金刚法会,用彩砂绘制时轮金刚曼陀罗,选派本院高僧,身穿法衣,手执法铃,戴着五莲帽,作法诵经以示纪念。

农历四月十五娘乃节,相传释迦牟尼于这一天降生、成道、圆寂,所以也叫"萨噶达哇",译为善果节,以闭斋、转经和念嘛呢为主要活动内容。

此外,四月各学院还举行辩经、考试活动一个月。五月全寺僧人集中念经十五天。九月二十二日"降凡节",纪念释迦牟尼为其母摩耶超度后重返人间。农历十月二十五日是格鲁派创始人宗喀巴的圆寂日,为纪念宗喀巴圆寂和宗喀巴的两个弟子加央却杰和释迦益西的圆寂举行燃灯节。这一天寺院各经堂及佛殿全部换上新供品,到了晚上,所有经堂、佛殿、活佛昂欠(府邸)等处都点燃酥油灯,僧众诵经,长号奏鸣,以示佛法常明。而历代夏日仓圆寂日,全寺僧众也要集体诵经,以示纪念。此外,每月十五和三十,都要举行寺僧在佛前念经、悔罪的仪式。

习题

1. 撰写导游词,练习讲解景点。
2. 隆务寺有哪些重要的宗教活动?

任务八　坎布拉国家地质(李家峡)景区讲解

1. 掌握坎布拉国家地质公园的地理位置及景区构成;
2. 掌握南宗沟的佛教教派。

1. 能对坎布拉国家地质公园进行导游词创作;
2. 能对坎布拉国家地质公园进行导游讲解。

1. 情景模拟

时间:2013 年 7 月 29 日;

地点:青海省黄南藏族自治州尖扎县;

---

❶ 夏日仓是隆务寺寺主活佛,自明代至今,共传八世。

人物：地陪老方；

事件：地陪老方带领一个旅游团队，参观游览坎布拉国家地质公园。

2. 角色扮演

老方：欢迎大家来坎布拉国家地质公园来旅游参观。

(1) _____

_____ 。

(2) _____

_____ 。

(3) _____

_____ 。

(4) _____

_____ 。

3. 实训提示

(1) 坎布拉国家地质公园地处西宁东南 120km 的黄南藏族自治州尖扎县李家峡的黄河南岸，西接贵德县，东邻化隆县，南与同仁县隔山相望，海拔高度在 2300～3100m 之间，总面积 4776hm²。该风景区为拉脊山支脉，由原始森林、丹霞地貌、山间小盆地、黄河大峡谷、李家峡库区、宗教寺院等组成。1992 年被批准为国家级森林公园。2005 年被评为国家级地质公园。

(2) 李家峡西起贵德县东部的阿什贡峡，东至直岗拉卡，河面宽 30～40m，有些地方甚至在 10m 以下，李家峡水电站位于这个峡谷的出口，黄河从源头至此流经 1796km。该电站是国家在青海境内继龙羊峡之后兴建的又一座大型水电建设工程，总装机容量 200 万千瓦，年发电量 56.6 亿千瓦时。高达 175m 的大坝，把黄河北面的拉脊山和南面的尖扎南山连接起来，形成一个容量 16.5 亿立方米、方圆面积 31.58km² 的人工湖，成为黄河上游第二个高峡平湖。

(3) 坎布拉国家地质公园是以丹霞地貌著称。丹霞地貌，是指由红色砂砾岩构成的一种非常秀美的风景地貌。20 世纪初，在广东仁化县丹霞山发现而得名。丹霞地貌，是由地质时期第三纪红色砂砾岩层经雨水长期的侵蚀及风化剥蚀等长期作用影响下形成的。

坎布拉丹霞地貌以方山、奇峰、洞穴、峭壁为主要特征，还有宫殿、窗棂、帷幕式地貌和蜂窝状地貌。坎布拉丹霞地貌其发育之典型，类型之繁多，规模之宏大，在国内实属罕见，是全国迄今发现新第三纪红层中发育最典型的丹霞地貌区，不仅有很高的旅游观赏价值，而且有很高的科学研究价值。

坎布拉丹霞地貌景观中，以"德杰峰""小瑶池"（又名"仙女聚会"）"强起岗""内宝宗峰""南宗沟"等处的风光最为典型。

(4) 南宗沟长约 5km。据史料记载，公元 9 世纪中叶（838—842 年），吐蕃赞普朗达玛禁佛，关闭毁坏寺院，焚烧佛像佛经，镇压和屠杀僧人，致使佛教无法生存下去。为延续佛法，西藏僧人藏饶赛、肴格迥、玛尔·释迦牟尼（史称"三智士"或"三贤哲"），驮负律藏经卷，昼伏夜行向阿里地区逃亡，当得知阿里也在禁佛的消息后又北上回鹘地（今新疆地区），但由于语言不通，无法立足，于是又经过千辛万苦辗转来到这静谧清幽的坎布拉南宗沟的阿琼南宗寺修行布道，弘扬佛法。

南宗沟西侧有一座十分巍峨峻峭的山峰，故人们称之为"阿琼南宗"峰。历史上，它与今海东的夏宗、普拉央宗和海南的智革尔贝宗，同称为"安多四宗"，是藏传佛教僧人避居山林、修持佛法的著名静地。

南家沟的阿琼南宗寺是尖扎县坎布拉、多加以及贵德县格哇等地宁玛派教徒集中活动的重要场所。每年农历三、四、九、十二月各集会一次,其中四月十三日法事规模较大,有跳欠活动,前往观看的群众众多。阿琼南宗寺大经堂初修于康熙年间(约1685年),是由尖扎地区宁玛派活佛藏欠·班玛仁增主持修建的。

紧靠阿琼南宗寺北面的是南宗扎寺,亦称"色扎寺",原为宁玛派僧人的闭关静房,后逐渐形成一座有一定规模的寺院。再向北出口处的一座寺院是闻名省内外的宁玛派寺院南宗尼姑寺,现有经堂一座,尼舍近百院,在寺尼姑150余人。在宁玛派红教占绝对优势的南宗沟,还有一座格鲁派(黄教)寺院,这就是尕布寺。

以上这些寺院使南宗沟这片土地成为省内外唯一一处红、黄、显、密、僧、尼并存的佛教法地而闻名遐迩,使坎布拉佛教文化景观更显得绚丽多彩。

4. 知识链接

青海省水电资源丰富

青海省水力资源理论蕴藏量2165.06万千瓦,可建500kW以上水电站172处,总装机容量1800万千瓦,年发电772.08亿千瓦时,人均拥有可开发水电资源约为全国平均数的10倍,占西北五省区可开发水电资源50%以上。其中,黄河流域水电资源尤为丰富,占全省的60%以上,可建梯级电站66座。举世闻名的黄河大峡谷,是由于黄河从我国地势第一阶梯青藏高原,奔流到第二阶梯黄土高原,落差达3500m。在仅长276km的河道上,落差达860m,国家已规划建13级大中型梯级电站。

青海境内著名的有甘德县官峡,同德县拉家峡,贵南县野狐峡,再向下依次是龙羊峡、拉西瓦峡、左拉峡、松巴峡、李家峡、公伯峡、积石峡、寺沟峡等。尤其是龙羊峡至寺沟峡,可望在不久的将来,随着沿河诸多电站的建成,黄河水运航线势必开通,从龙羊峡出口起,经贵德、尖扎、化隆、循化到甘肃临夏、兰州,将成为天堑通途。从李家峡库区出发,西可穿越松巴峡、左拉峡、拉西瓦峡到达龙羊峡,东可经公伯峡、寺沟峡抵达刘家峡、盐锅峡、八盘峡、大峡等地,形成一条独具特色的高原水上旅游长廊。

习题

1. 撰写导游词,练习讲解景点。
2. 请解释丹霞地貌?
3. 请简述藏族的主要风俗习性。

项目四 格 尔 木

知识目标

1. 掌握格尔木旅游区主要景点知识;
2. 能准确生动地设计和撰写盐湖城格尔木、察尔汗盐湖、青海情人湖——可鲁克湖和托素湖导游词;
3. 能全面正确、条理清晰、详略得当地讲解景点知识。

技能目标

1. 能根据旅游景区景点收集整理相关素材;
2. 能准确地使用讲解方法,技巧娴熟;
3. 能正确地使用景观的鉴赏方法,具有基本的赏析能力。

素质目标

1. 培养学生良好的学习习惯和学习方法;
2. 培养学生具有准确清晰、自然流畅、生动有感染力的语言表达能力;
3. 培养学生与人沟通能力;
4. 培养学生不断地追求知识、独立思考,勇于自谋职业和创新。

任务一 盐城格尔木讲解

知识目标

1. 熟知格尔木市的历史沿革;
2. 掌握格尔木市的地理位置及市情;
3. 掌握格尔木市的区域功能和发展特点。

技能目标

1. 能对格尔木景区进行导游词创作;
2. 能对格尔木景区进行导游讲解。

一、格尔木市的地理位置

1. 情景模拟

时间:2013年8月1日;
地点:西宁前往格尔木市的火车上;
人物:地陪小王;

事件:地陪小王带领一个旅游团队,前往格尔木市的路途。

2.角色扮演

小王:大家好!今天我们前往的是一座年轻的城市,也是世界上辖区面积最大的城市盐城——格尔木。

_____

_____。

3.实训提示

格尔木,是蒙古语,意思是河汊众多的地方。地处青藏高原腹地,位于柴达木盆地的南部边缘,海拔2780m。辖区由柴达木盆地中南部和唐古拉山地区两块互不相连的区域组成,总面积约12.45万平方公里,相当于3个丹麦国家的面积,是青藏高原继西宁、拉萨之后的第三大城市。全市人口27万,城市人口占90%以上,平均年龄32岁左右,现有汉、藏、蒙古、回等26个民族。

市区位于柴达木盆地中南部格尔木河冲积平原上,属高原大陆性气候,夏无酷暑,冬无严寒。这里日照时间长,年平均高达3358h,光热资源充足,年平均降水量284.4mm,年蒸发量1667mm。

格尔木市曾先后多次被评为全国文明城市创建先进市、全国社会治安综合治理先进市、中国园林绿化先进市、中国优秀旅游城市、国家卫生城市等,并连续4次被评为全国科技进步先进市,连续6次荣获全国双拥模范城市荣誉称号。

4.阅读资料

格尔木市地处欧亚大陆中部,地貌复杂,地形南高北低,由西向东倾斜。昆仑山、唐古拉山横贯全境,山势高峻、气势磅礴。该市雄居世界屋脊,境内雪峰连绵、冰川广布、冰塔林立、河流纵横、湖泊星罗棋布。

二、格尔木市历史沿革

1.情景模拟

时间:2013年8月1日;

地点:前往格尔木市的火车上;

人物:地陪小王;

事件:地陪小王向游客简介格尔木的历史。

2.角色扮演

小王:格尔木市虽然是一座年轻的城市,但格尔木市所辖广阔地区是中国历史上西部少数民族轮番更替游牧的地区之一,数千年来,这一带屡经民族递嬗演变,留下了各个民族别具特色的文化遗产。

(1)_____

_____。

(2)_____

_____。

3.实训提示

在格尔木市东140km的诺木洪遗址发现一处青铜器文化遗存,被命名为"诺木洪文化",其时代约为中原的西周时期,距今2700多年。西晋末年,辽东鲜卑吐谷浑部迁入甘青地区,其后渐渐强大,以青海为其活动中心,建立起以鲜卑人为中心与诸羌领袖的联合政权吐谷浑国。格尔木地区成为吐谷浑国属地。

北朝到隋初,连接中原与西域的丝绸南道"青海道"一度十分兴盛。青海道分南、北两分道,其中南分道即过日月山,由青海湖南经都兰,格尔木西入新疆及其经西地区的交通线。格尔木以其重要位置,为中西经济文化的交流和发展发挥过作用。

唐初,吐蕃王国在西藏崛起,公元663年(唐高宗龙朔三年)吐蕃灭吐谷浑国,占吐谷浑故地,从此格尔木地区的游牧民族便由鲜卑与羌人的结合逐渐变成吐蕃民族(藏族的前身)了。

1954年成立阿尔顿曲克哈萨克族自治区人民政府,1960年11月17日国务院全体会议第105次会议批准设格尔木市,1965年3月27日改为格尔木县,1980年6月14日复设格尔木市。格尔木市仍隶属海西蒙古藏族自治州管辖,为副地级市。1992年为省计划单列市。

三、格尔木市的区域功能及发展特点

1. 情景模拟

时间:2013年8月1日;

地点:格尔木市;

人物:地陪小王;

事件:地陪小王向游客讲解格尔木市区域功能及特点。

2. 角色扮演

小王:

_____

_____。

3. 实训提示

(1)格尔木是一座自然资源十分丰富的城市。格尔木是一个典型的资源型地区,资源配置在全国独一无二。在以市区为圆心,半径200km的范围内,广泛分布着钾、钠、镁、锂、硼、锶、锑、石油、天然气、黄金、宝玉石等50余种矿产资源,有30多种资源储量位居全国前10位,其中钾、钠、镁、锂总储量为全国第一位。境内面积为5856km^{2}的察尔汗盐湖是我国最大的钾镁盐矿床,已探明钾盐总储量3.2亿吨,镁盐总储量31.6亿吨,钠盐总储量33.1亿吨,其潜在价值巨大。涩北天然气田已探明储量3000亿立方米,远景储量可达5000亿立方米,是我国四大天然气田之一。境内有宜农土地86.6万亩(约5.77万公顷),可利用天然草场面积4130万亩(约275.2万公顷)。有大小河流20多条,水资源总量23.85亿立方米,有50余种野生动物资源和200余种野生植物资源,其中20余种被列为国家级珍稀野生动植物。

(2)格尔木是一座战略地位十分重要的城市。格尔木位于青藏高原腹地,是连接西藏、新疆、甘肃的战略要塞和我国西部的重要交通枢纽,青藏、青新、敦格三条公路干线在此交汇。格尔木地处祖国西部的地理中心,是西南边防的战略支撑点,是内地通向西藏的重要门户。格尔木素有"兵城"和"汽车城"之称,部队主要承担着西藏方面的公路运输、管道输油、通信及通信线路维护三大任务,对于西藏和整个西南边防的物质保障供应有着不可替代的作用,战略地位十分重要。

(3)格尔木是一座资源开发型的新兴工业城市。格尔木是青海乃至祖国西部的一座新兴工业城市,是国家第一批循环经济试点产业园区之一的柴达木循环经济试验区的主战场。近年来,全市工业经济快速发展,第二产业在三个产业中的比例上升到79.27%以上,成为全市

主导产业。百万吨炼油、百万吨钾肥和石油天然气三项工程项目的投资和兴建,形成了格尔木的工业框架和基础。

(4)格尔木是一座旅游业发展潜力巨大的城市。格尔木以"青藏高原、世界屋脊、昆仑文化"为轴心的旅游资源十分丰富,境内有长江源头、万丈盐桥、雪山冰川、昆仑雪景、瀚海日出、沙漠森林等独具特色的自然景观,是观赏青藏高原风光、野生动物活动和进行科学考察、登山探险的理想之地。格尔木昆仑旅游区是国家4A级旅游景区。自20世纪80年代以来,相继开辟了青藏高原世界屋脊汽车探险、昆仑山道教寻祖、察尔汗盐湖观光、胡杨林自然风景、蒙古族草原风情、玉珠峰登山探险等10余条具有青藏高原和浓郁民族特色的旅游线路,相继建成了昆仑山口、玉虚峰、西王母瑶池、昆仑神泉、万丈盐桥、胡杨林、8.1级地震遗址等景点,获得了"中国优秀旅游城市"的荣誉称号。

习题
1.撰写导游词,练习讲解景点;
2.格尔木布有哪些特点?
3.蒙古族风俗怎样?

任务二　察尔汗盐湖讲解

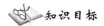

1.熟知察尔汗盐湖的地理位置;
2.掌握察尔汗盐湖的构造及储量;
3.掌握万丈盐桥的形成。

1.能对察尔汗盐湖进行导游词创作;
2.能对察尔汗盐湖进行导游讲解。

1.情景模拟
时间:2013年8月2日;
地点:察尔汗盐湖;
人物:地陪小许;
事件:地陪小许带领一个旅游团队,参观游览察尔汗盐湖。
2.角色扮演
小许:大家好! 这就是我国最大的,在世界排名第二的天然盐湖——察尔汗盐湖。

_____
_____。

3.实训提示
"察尔汗"是蒙古语,意为"盐泽"。位于青海省柴达木盆地中南部,地跨格尔木市和都兰县,南距格尔木市约60km,北距大柴旦11km有余。由达布逊湖、南霍布逊、北霍布逊、察尔汗、别勒滩等盐池汇聚而成,东西长约130km,南北宽约40km,比上海市的面积还要多出

50km² 左右，能够装得下 100 多个西子湖，总面积 5868km²，海拔 2670m。格尔木河、柴达木河等多条内流河注入该湖。

现在请您看看这座察尔汗盐湖的奇妙结构吧。湖面是由半米厚的盐盖组成，这是察尔汗盐库的第一道储藏库；盐盖的下面，便是碧清如翠的卤水，足有 20m 深，这就是生产钾肥和工业用盐的原料，这是察尔汗盐库的第二道储藏库；卤水下面又是一层逾 10m 厚的结晶盐，白如冰雪，清若脂玉，这是食用盐，挖出即可食用，无须任何加工，这是盐库的第三道储藏库。结晶盐的下面是由沙土和卵石形成的一道坚固的隔水板。板下是一深度达 30～40m 的巨大淡水湖，这层隔板是大自然设置的天然保护层，使上面的盐层不被下面的淡水所溶化，同时也为我们开发盐湖提供了必不可少的淡水资源。想得如此周到，应归功于造化的妙手安排。

盐湖上的很多建筑物都是用盐建造的，而在盐的各类建筑物中，最亮丽的当属万丈盐桥，全长约 32km。这座奇特的桥没有一般大桥所必有的桥墩、卷拱、桥栏、钢索等，它的所有"构件"就是一个万丈桥面，这是由盐形成的。桥面上如果出现了少见的坑坑洼洼，只要从旁边铲几锹盐填平，再洒点卤水就算完工，且平整如初。

察尔汗盐湖的储量惊人，其食盐可供全国人民吃一万年。有人做过计算，察尔汗盐湖各类盐的总储量，足可从地球到月亮架起一座厚 6m、宽 12m 的盐桥。现在，如果诸位有兴趣的话，不妨请大家作一道算题，每立方米盐的质量约 3000kg，如果每千克原盐价按 2 元计，地球到月球的距离约为 38 万公里，那么这座太空盐桥的价值是多少？

习题

1. 撰写导游词，练习讲解景点。
2. 察尔汗盐湖的构造是怎样的？

任务三　青海情人湖——可鲁克湖和托素湖讲解

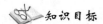

1. 熟知可鲁克湖和托素湖的地理位置；
2. 掌握可鲁克湖和托素湖的成因；
3. 了解青海情人湖传说。

1. 能对可鲁克湖和托素湖进行导游词创作；
2. 能对可鲁克湖和托素湖进行导游讲解。

1. 情景模拟

时间：2013 年 8 月 6 日；

地点：可鲁克湖和托素湖；

人物：地陪小李；

事件：地陪小李带领一个旅游团队，参观游览可鲁克湖和托素湖。

2. 角色扮演

小李：大家好！我们现在所在的地方就是青海著名的情人湖——可鲁克湖和托素湖。

3. 实训提示

托素湖,蒙古语意为甘润湖,它离海西州首府德令哈(蒙古语,意为广阔的原野)50km,是面积达 180km² 的咸水湖;可鲁克湖,蒙古语意为水草丰美,坐落在青新公路边,距德令哈 40km,是面积达 57km² 的淡水湖。

两湖间有一条 7km 的水道相连,犹如一对孪生姊妹在德令哈盆地相依生活,故称姊妹湖。又因形状像褡裢,故称褡裢湖,民间传说中称它们为情人湖。青藏铁路从两湖间穿过。

传说一:古时有两个相依为命的蒙古族姐妹,姐姐叫托素,妹妹叫可鲁克,她俩的恋人被奴隶主抓去金场当了沙娃(淘金人的俗称),两人干活累得精疲力竭,饿倒在沙丘下,托大雁给心上人捎信。托素和可鲁克得知后,姐姐背起盐包,妹妹背上干粮,日夜翻山越岭去寻找亲人。当她俩找到倒毙的爱人时,悲切地痛哭,姐姐的泪水浸透了盐包,流出一座咸水湖,妹妹的泪水汇成淡水湖,后人便以两姊妹的名字为湖命名,以示纪念。

传说二:很早以前,巴音河(蒙古语富饶河)边的部落里有一对青梅竹马、情投意合的恋人,男的叫托素,女的叫可鲁克,他俩要结为夫妻,按当时部落习惯得到头人那里乞求准婚。谁知头人一见可鲁克长得如花似玉,动了邪念,生出一条毒计,让托素到遥远的盐泽去背一袋盐回来分给部落的人,借口是结婚前先为部落的人尽点力,以便得到全部族人的支持,并考验他对可鲁克爱情的坚贞。托素在回程中,由于断水断粮,加上连夜奔波劳累,竟死在沙漠里。可鲁克不愿受头人凌辱,连夜逃出部落寻找托素,在天鹅指引下,找到托素尸体,她悲愤交加,生不能跟托素结为夫妻,死也要在一起。她流干了血泪,搂着托素闭上了眼睛。在可鲁克殉情处流出的眼泪变成了淡水湖,在托素背着盐袋倒下的地方出现了一座咸水湖。姑娘搭在情人身上的手臂化作一条连接两湖的小河。

科学揭开了姊妹湖一咸一淡的奥秘:发源于哈尔科山的巴音河由东向西注入可鲁克湖,经连通河注入托素湖,可鲁克湖有出入水口,而托素湖只有入水口,没出水口,水就成了死水。气候干燥的柴达木盆地蒸发量是降雨量的 100 多倍,由于入不敷出,水分大量蒸发,水中矿物质浓度不断增加,托素湖便成了咸水湖。

4. 知识链接

德令哈外星人遗址

外星人遗址就坐落在咸水的托素湖南岸,远远望去,高出地面五六十米的黄灰色的山崖犹如一座金字塔。在山的正面有 3 个明显的三角形岩洞,中间一个最大,离地面 2m 多高,洞深约 6m,最高处近 8m。

洞内有一根直径约 40cm 的管状物的半边管壁从顶部斜通到底。另一根相同口径的管状物从底壁通到地下,只露出管口。在洞口之上,还有 10 余根直径大小不一的管子穿入山体之中,管壁与岩石完全吻合,好像是直接将管道插入岩石之中一般。这些管状物无论粗细长短,都呈现出铁锈般的褐红色。而东西两洞由于岩石坍塌,已无法入内。在湖边和岩洞周围,散落着大量类似锈铁般的渣片、各种粗细不一的管道和奇形怪状的石块。有些管道甚至延伸到烟波浩渺的托素湖中。

习题

1. 撰写导游词,练习讲解景点。
2. 请解释托素湖和可鲁克湖为何一咸一淡?

项目五 三 江 源

知识目标

1. 掌握三江源旅游景区主要景点知识;
2. 能准确生动地设计和撰写三江源自然保护区、贝纳沟文成公主庙、国家地质公园年保玉则等导游词;
3. 能全面正确、条理清晰、详略得当地讲解景点知识。

技能目标

1. 能根据旅游景区景点收集整理相关素材;
2. 能准确地使用讲解方法,技巧娴熟;
3. 能正确地使用景观的鉴赏方法,具有基本的赏析能力。

素质目标

1. 培养学生良好的学习习惯和学习方法;
2. 培养学生具有准确清晰、自然流畅、生动有感染力的语言表达能力;
3. 培养学生与人沟通能力;
4. 培养学生不断地追求知识、独立思考,勇于自谋职业和创新能力。

任务一　三江源自然保护区讲解

知识目标

1. 熟知三江源自然保护区的地理位置;
2. 掌握三江源自然保护区纪念碑的含义;
3. 掌握三江源自然保护区的特点。

技能目标

1. 能对三江源自然保护区进行导游词创作;
2. 能对三江源自然保护区进行导游讲解。

一、三江源的概况

1. 情景模拟

时间:2013 年 8 月 2 日;

地点:前往玉树的大巴车;

人物:地陪小张;

事件:地陪小张带领一个旅游团队,前往玉树的路途。

2. 角色扮演

小张:大家好!今天我们前往的是被誉为"中华水塔"的三江源头。三江源是指长江、黄河、澜沧江的发源地。

_____
_____。

3. 实训提示

三江源,即长江、黄河、澜沧江发源地,源头都在平均海拔5000m的青海省玉树藏族自治州。

长江是中国第一大河,世界第三大河,全长6380km,仅次于非洲的尼罗河和南美洲的亚马孙河。长江发源于唐古拉山北麓的各拉丹冬冰峰南侧的姜根迪如冰川,它的正源是沱沱河。"各拉丹东"是藏语,翻译过来就是"高高尖尖的山峰",它海拔6621m,是唐古拉山主峰。长江流经青、川、藏、滇、渝、鄂、湘、赣、皖、苏、沪11个省市区后注入东海。

黄河全长5464km,发源于巴颜喀拉山脉的各姿各雅(汉语意思为雄伟壮丽的山峰)。黄河上游共有三源,北源较小,名"扎曲",中间一支为"约古宗列曲",南边较大的一支为"卡日曲"。黄河正源为"卡日曲"。"卡日曲"译成汉语就是"红铜色的河",这是因为卡日曲流经大片红色地层,洪水期河水夹带泥沙呈红棕色,故而得名。黄河流经青、川、甘、宁、内蒙古、晋、陕、豫、鲁9个省区后注入渤海。

澜沧江,亚洲第六大河,流经中国、缅甸、老挝、泰国、柬埔寨、越南6个国家,全长4500km,在我国境内干流长1612km,出境后叫湄公河,经越南胡志明市后注入南海,是东南亚人民共同的母亲河。澜沧江源出唐古拉山北麓的"群果扎西滩","群果扎西滩"藏语意即"吉祥的水头"。澜沧江干流在青海省内的名称叫作"杂曲",系藏语音译,意为"从山岩中流出的河",位于青海省西南部和西藏自治区的东北部。杂曲河古名"兰苍水",源出玉树藏族自治州杂多县西北,唐古拉山北麓的查加日玛西4km的高地。

4. 知识链接

黄河源头纪念碑

1999年10月24日,在玛曲岸边又庄严地竖立起了一块黄河源头纪念碑。其形为长方,碑体高达1.999m,表示1999年立碑;碑厚546.4mm,隐喻着黄河干流长度为5464km。碑体与碑座总高度为2.8m采用青海当地的花岗岩制作,重约11t。黄河源头纪念碑坐东朝西,面向黄河第一股清泉。碑正面刻有"黄河源"三个大字。

二、三江源自然保护区的特点

1. 情景模拟

时间:2013年8月2日;

地点:前往玉树的大巴车;

人物:地陪小张;

事件:地陪小张向游客简介三江源自然保护区的特点。

2. 角色扮演

小张:2000年8月19日在三江源地区成立了我国面积最大、海拔最高的自然保护区,这就是万众瞩目的三江源自然保护区。

_____

_____。

3. 实训提示

三江源自然保护区有四个显著特点：

一是我国面积最大的自然保护区。它的西南部与西藏自治区接壤，东部与四川省毗邻，北部与青海省的格尔木市以及都兰县相接，总面积达36.3万平方公里，占青海省国土总面积的43.88%。

二是我国海拔最高的天然湿地，海拔高达3450~6621m。据专家测算，长江总水量的25%、黄河总水量的49%、澜沧江总水量的15%都来自于三江源地区，这里不但是"中华水塔"，而且还是"亚洲水塔"。

三是世界上高海拔地区生物多样性最集中的地区。这里是野生动植物的天堂，是非常珍贵的高原物种基因库。据不完全统计，这里有植物80余科，400属，近1000种。其中有优质牧草70余种，乔、灌木80余种。野生动物资源种类繁多，区系繁杂，有兽类76种，鸟类147种，爬行类、两栖类及鱼类48种，包括藏野驴、藏羚羊、雪豹、黑颈鹤等14种国家一级保护动物，37种国家二级保护动物。

四是三江源头地区是三江流域生态系统最敏感地区。这一地区的生态影响着长江、黄河、澜沧江中下游地区的社会经济发展和人民群众的生产生活安全。保护三江源的生态，不仅是西部大开发的重要保证，而且是三江中下游及东南亚地区可持续发展的重要条件。

三、三江源自然保护区纪念碑

1. 情景模拟

时间：2013年8月2日；

地点：前往玉树的大巴车；

人物：地陪小张；

事件：地陪小张向游客介绍三江源自然保护区纪念碑。

2. 角色扮演

小张：

_____

_____

_____。

3. 实训提示

在美丽的通天河畔又增添了一个富有重要意义的标志性建筑，这就是巍峨耸立的"三江源自然保护区纪念碑"。在碑的正面，雕刻着"三江源自然保护区"碑名，碑体后面是汉文和藏文两种文字雕刻的碑文。

整个碑体高6.621m，象征长江发源地格拉丹东雪峰高度6621m；碑的基座面积363m²，象征长江、黄河、澜沧江三江源域面积36.3万平方公里；基座高4.2m，象征三江源自然保护区平均海拔在4200m左右；碑体由56块花岗岩堆砌而成，象征我国56个民族团结进步共同繁荣；碑体上方两只巨型的手掌，象征整个人类全力保护三江源地区的生态环境。

4. 知识链接

三江源自然保护区纪念碑碑文

高原极地,一派风光。水塔天成,源远流长。三江同根,与斯滥觞。
浩渺东去,润泽八方。羽族炫翎,天籁泱泱。蹄类竞走,蓊郁苍茫。
自然保护,管育加强。禁猎止伐,水源涵养。万物竞天,润安土祥。
山川秀美,庇佑家帮。开发西部,民富国强。

5. 阅读资料

通天河古称"牦牛河",藏语叫作"直曲"。

传说一:玉皇大帝喂养着一头能驮善走的神牛,浑身上下长满了又长又厚的绒毛,所以起名为牦牛。牦牛力大能驮,能吃善跑。一天,它来到了玉皇大帝的后花园,看见里面长满了又嫩又绿的仙草,忍不住偷吃了几口。玉皇大帝闻之大怒,发旨将神牛贬到了玉树,并说:"你既贪吃,限你三日内吃完这里的青草。"神牛下界看到这里山野荒芜,牧草低矮,无法啃尽,只得回天庭复命,玉皇大帝不料它竟敢抗旨,一怒之下把它又打到玉树高原,变成了一块顽石。石牛整日面对荒山秃岭,心里总不是个滋味。于是,它从自己的鼻孔中喷出了两股清泉,流向这里的山冈草原,使这里变成了水草丰美的天然牧场,这两股清泉汇成了滔滔通天河。

传说二:相传文成公主一行历尽艰辛,来到通天河渡口,发现这里水流湍急,涛声震耳,难以逾越,大家一筹莫展。突然,文成公主发现河面上漂浮着九九八十一只大葫芦,大如渡船,在滚滚激流中一动不动。原来,是佛祖显灵,送来了这些大葫芦,文成公主一行遂以葫芦为舟渡过了通天河。

四、黄河源头的姊妹湖

1. 情景模拟

时间:2013年8月2日;

地点:前往玉树的大巴车;

人物:地陪小张;

事件:地陪小张向游客讲解黄河源头的姊妹湖。

2. 角色扮演

小张:

_____

_____。

3. 实训提示

从玛多县城溯黄河向上30km,碧波荡漾的鄂陵湖就出现在眼前,她和西面约10km处的扎陵湖是黄河流域最大的两个淡水湖,是一对举世瞩目的河源明珠。

鄂陵湖面积610km^2,海拔4272m,扎陵湖面积526km^2,海拔4294m。从巴颜喀拉山北麓发源的黄河向东流经星宿海后,从西南隅流入扎陵湖,于东南隅流出,注入鄂陵湖。像是手拉手、肩并肩伫立在黄河源头的姊妹。所以,人们称这两座湖为黄河源头的姊妹湖。

鄂陵湖,藏语意思是"青色的长湖",是藏族同胞根据湖泊的颜色和形状而命名的。远远望去,湖面犹如一个倒挂的金钟。扎陵湖,藏语意思是"白色的长湖",因其水色略呈乳白色而得名。这是一个椭圆形的湖,形如和尚用的木鱼,湖水比鄂陵湖浅了许多,鄂陵湖平均水深17.6m,而扎陵湖平均水深仅8.9m。

姊妹湖的最佳观景点就是两湖的分水岭——巴颜郎玛山顶,这是两湖中间的一个高约300m的小山头。在这座山头上立有一座藏族风格的石碑,它由黑色岩石雕成牛角状,正面镌刻着"黄河源"三个大字。

4. 阅读资料

鄂陵湖海心山鸟岛,当地人叫"然马知知",汉语意思是"山羊拉船"。关于它的来历,有一则传说。相传当年藏族人民心目中的英雄格萨尔王转战在黄河源一带,他美丽的妻子珠牡为了找到他而四处奔走,走到鄂陵湖边,得到格萨尔的飞箭传书。知悉丈夫就在湖对岸扎营,珠牡见夫心切,连夜乘一只山羊拉着的小船过湖团圆。谁料想,湖中风起,湖浪滔天,小船沉没,山羊力竭而死,后来就化作如今的小岛。而在南岸稍远一些的地方,还有一座独立的锥形小山,据说这就是当年格萨尔飞箭传书时射来的神箭,只是箭杆早已腐朽风化,唯留箭头化作此山。这动人的传说给美丽的姊妹湖增添了许多神秘的色彩。

习题

1. 撰写导游词,练习讲解景点。
2. 三江源自然保护区有哪些特点?
3. 简介三江源自然保护区纪念碑。
4. 简介三江的基本情况。

任务二 贝纳沟文成公主庙讲解

知识目标

1. 熟知文成公主庙的地理位置;
2. 掌握文成公主庙的由来及佛像。

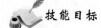技能目标

1. 能对文成公主庙进行导游词创作;
2. 能对文成公主庙进行导游讲解。

1. 情景模拟

时间:2013年8月3日;

地点:前往玉树的大巴车;

人物:地陪小许;

事件:地陪小许向游客介绍文成公主庙。

2. 角色扮演

小许:贝纳沟是文成公主远嫁吐蕃途中停留时间最长的地方。在贝纳沟,文成公主通过自己的身传言教,向当地藏族人民传播中原地区汉族人民的文化。

3. 实训提示

贝纳沟文成公主庙又称大日如来佛堂,始建于唐代,迄今已有1300多年的历史,位于玉树

藏族自治州玉树县结古镇巴塘乡贝纳沟内,距结古镇20km,距西宁838km,海拔3700m有余。这里是唐蕃古道的重要文化遗存之一,为青海省省级重点文物保护单位。

大日如来佛堂面积有80m²左右,高13m,依岩崖修建而成。佛堂精巧玲珑,幽静雅敏。佛堂内供奉的主佛像藏语称"觉俄囊巴诺泽",汉语称"大日如来",梵语为"毗卢遮那"。相传此佛像与供奉在拉萨大昭寺内的释迦牟尼像具有同等的加持威德,距今已有1300多年的历史。这座佛堂是公元641年(唐贞观十五年),文成公主进藏时沿途留下的规模最为宏伟壮观而弥足珍贵的历史文化遗迹,佛堂内的佛像属青海境内最早出现的佛教摩崖大型浮雕群像。公元710年(唐景龙四年),唐蕃再次联姻,金城公主进藏路经此地时,为佛像群盖建殿堂一座,以遮风雨。

位居正中,高约8m的主佛大日如来,端庄稳重,娴静慈祥,结跏跌端坐在双狮仰莲座上,其余八尊菩萨系八大随佛弟子,即弥勒菩萨、虚空藏菩萨、普贤菩萨、金刚手菩萨、地藏菩萨、观世音菩萨、文殊菩萨和盖障菩萨。其造型、服饰兼有吐蕃早期风格和初唐中原艺术特征。

在佛堂附近的岩壁上,工整地刻有藏、汉两文佛经《普贤菩萨行愿王经》《般若波罗蜜多心经》以及多行梵文和经文、佛塔、六字真言等。

在佛堂右侧20m处岩崖下,有一泓清澈如明镜般的泉眼,名叫公主泉,相传文成公主在此住宿期间,曾在泉边梳洗。

从文成公主庙沿贝曲河溯流而上,约在4km处有一个温泉池,泉水从山体岩石的缝隙中喷涌而出,温度约为40℃,相传文成公主曾在这里临泉沐浴。

在文成公主庙周边的山上,信教群众挂满了经幡,随风舞动、色彩斑斓、猎猎作响,气势恢宏,游人赞叹这是世界上唯一一座被文字覆盖的山。

习题

撰写导游词,练习讲解景点。

任务三 国家地质公园年保玉则讲解

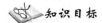

1. 熟知年保玉则的地理位置及构造;
2. 掌握年保玉则的冰川构造及气候。

1. 能对年保玉则进行导游词创作;
2. 能对年保玉则进行导游讲解。

1. 情景模拟

时间:2013年8月12日;

地点:前往果洛的大巴车;

人物:地陪小赵;

事件:地陪小赵向游客讲解年保玉则。

2. 角色扮演

小赵：

_____

_____。

3. 实训提示

被誉为"果洛发祥地"的年保玉则位于久治县境内的索呼日麻乡、白玉乡境内。年保玉则，又称果洛山，属巴颜喀拉山脉，是青海果洛藏族心目中的一座神山，长40km，宽25km。年保玉则主峰海拔5369m，是巴颜喀拉山的最高峰。它的顶部由3个常年积雪的山头组成，山体则由好几条山脊和相应的峡谷组成，俯瞰而视，形似花瓣。以它为主，环绕着3600座特色各异的山峰和360个美丽的湖泊，群峰束裹，分外妖娆。年宝玉则由于它地质结构的独特性，旅游景观的多样性，加之它所呈现出的原生态、神秘性，2005年被正式批准为国家地质公园，2008年又被评为国家4A级景区。

年保冰川形成于1000年前，是典型的海洋性山谷谷冰川，冰舌约为海拔4800m。由于沉积和再沉积作用和冰川的运动以及融冻作用的交替，产生了众多奇秀的冰川景观：冰川冰、冰川层纹、冰川裂隙、冰阶梯、冰川消融景观，如冰面湖、冰漂砾、冰兽、冰窟、冰桌、冰洞、冰桥、冰塔、冰林、冰面河、冰下河、冰"年轮"、城门洞、冰融泉等，让人仿佛置身于晶莹纯洁的童话世界。

年保玉则特殊的地质结构使其成为各国地学工作者和探险家窥测、研究地球动力学、江河源形成发展及高原隆升对全球性气候环境演化影响的窗口和圣地。其面积之大，隆起之新，构造之复杂，地质现象之丰富，实为世界罕见。

年保玉则山脚下的草原上，有两个美丽的湖泊，一个叫"仙女湖"，一个叫"妖女湖"。仙女湖南北长、东西窄，湖的东南西三面群山环峙，湖水碧波荡漾，湖畔绿草如茵。湖的北面有一条百余米长的细流与妖女湖相通。仙女湖东南立着一块巨石，上面有一条深深的石痕，直通湖内，传说这是年保山神的小女儿与猎人成婚处。因此，石块下筑有一煨桑池台，四周经幡飘动，香火不断。

年保大滩地处年保玉则的北部，面积为36km^2。西久公路横贯年保大滩。

年保玉则的神秘，莫过于它变幻莫测的天气，7、8月时，一天之中可以领略到春夏秋冬四季之变迁。清晨满天星斗，却有大雪纷纷扬扬降下，寒气逼人，俨然隆冬景象；上午，山上浓云密布，大雨倾盆；正午时分，云开雾散，烈日炎炎，仿佛回到盛夏；午后，突然狂风四起，雷鸣电闪，冰雹从天而降；傍晚时分，夕阳西下，草原又恢复了昔日的宁静。神山年保玉则，以其重峦叠嶂、雪岭泛银、严冬打雷、盛夏飞雪、风吹石鸣、月明星灿而闻名。

年宝玉则景区内除了有现代冰川地质遗迹外，还有热矿泉、古火山遗迹、蚀变岩带及多样性高原生态系统组合、众多野生动植物等。同时，其景区内以藏族文化为代表的神秘人文景观极其丰富且旅游价值极高，包括藏传佛教文化、藏族民俗风情等。其中，藏传佛教寺院多达11座，宁玛、格鲁、觉襄三大教派交相辉映，建筑格局各领风骚。藏戏是久治地区藏族群众喜闻乐见的艺术形式，在已举行多届的"玛域格萨尔文化旅游节"以及"年保玉则旅游节"上都有演出藏戏。

4. 阅读资料

年保玉则有我国乃至世界典型的高原半干旱气候环境中仍存的现代冰川及65万年以来冰川地质遗迹，以花岗岩为主的角峰、刃脊、冰斗、冰槽谷等冰蚀地貌发育。在距今3.8亿~

1.95亿年,这里曾发生过古、新特提斯两次海进海退的演变历史。沉积有厚均逾万米的二叠、三叠系海相碎屑岩。距今1.95亿年前后的造山运动,伴随山崩地裂的火山喷发和岩浆侵入,造就了规模宏大的年保玉则花岗岩体,在经历距今360万~160万年的青藏运动、120万年以来的昆黄运动使年保玉则持续隆升,并于距今70万年前进入高原冰冻圈范围,从而导致年保玉则地区发育有距今65万年以来的多冰川及与之相关的冰川地质遗迹。年保玉则是三果洛的发祥地,带你走进格萨尔王的世界,让您能领略到神话的魅力。年保玉则的山涧有湍急的溪流和清丽的流水,涓涓小溪从山岩中穿过,从乱石中翻滚而过,吐出无数道白雾,来自天边的一道道瀑布似白帘般垂落,似银河般落入人间。

年保玉则的山麓中生长着千百年的云杉、松柏,成林蔽野,古木参天。山坡上有虫草、贝母、大黄等名贵药材。山脚下,野驴、野牦牛、藏羚羊、岩羊、白唇鹿、黑熊等珍贵动物,成群出没于森林草原之中。湖内有高原上特有的鱼类20多种。

这里有富含硅、硒、锌等20种对人体有益的微量元素的矿泉水,纯净甘甜,沁人心脾;有出露于美丽隽秀、银装素裹的雪峰下云腾雾绕的温泉,水温约60℃,含有多种矿物质,对风湿病、皮肤病疗效显著,加上优美清新的自然环境,便也成了最理想的药浴温泉。

年保玉则的神奇,就在于她蕴含了太多的传说。相传很久以前,金沙江藏古科龙哇有一位勇敢善良、英俊壮美、武艺超群的年青猎人,舍家弃业,只身来到年保玉则山脚下,看到湖畔景色迷人,牧草丰美,就定居下来,以打猎为生。一天,他看到从空中飞来的一只老雕,嘴里衔着一条小白蛇正是年保玉则山神的三女儿,老雕是恶魔的化身,经常出来危害生灵。后来,年保玉则山神幻化成白牦牛与前来强占神山的恶魔的化身——黑牦牛激战七天七夜。年青猎人看到白牦牛身疲力竭,渐有不敌之态,就勇敢地加入激战行列,协同白牦牛打败并杀死了恶魔。年保玉则山神为了报答年青猎人对他们一家的救命之恩,就把最小也是最美丽的三女儿许配给了年轻猎人为妻,后来他们生了儿子,儿子又有了三个孙子,分别叫昂欠本、阿什姜本和班玛本,他们各个勤劳勇敢、聪慧善良,为了生存和发展,开疆拓土,各奔东西并繁衍生息,创下了人们今天常说的上、中、下三果洛。至今,传说住在年保湖周围的牧民仍可看到湖中的白牦牛潜出碧波,徜徉嬉戏于湖岸上久久不肯离去。年保玉则主峰下耸立着一座酷似美女的小山峰,传说就是年保玉则山神三女儿的化身。

年保玉则山高水多是出了名的,相传有山峰3600座,湖泊360个。相传,那一个个美丽的湖泊是年保玉则山神大战恶魔负伤后血滴溅落下来变成的。瑶池水落也有说是当年孙悟空大闹天宫时扳倒瑶池,池水落入年保玉则而形成的。其中,位于年保玉则西北山脚下的两个十分美丽的湖泊最为著名,形如一双清澈美丽的大眼睛,面积约$10km^2$,两湖之间以河为纽带,相互沟通。最大的湖叫"西姆措"(意即仙女湖),据说,牧羊姑娘们经常用湖水洗浴梳妆,变得一个个美丽异常,像天女下凡,由此得名"西姆措"。而恶魔被杀死后,就变成了"妖女湖",据说恶魔死后,魂灵不散,就幻化成美丽少女,经常上岸迷惑年轻的小伙子,故而得其名。

习题

撰写导游词,练习讲解景点。

项目六　天　路

知识目标

1. 掌握天路主要知识；
2. 能准确生动地设计和撰写天路导游词；
3. 能全面正确、条理清晰、详略得当地讲解景点知识。

技能目标

1. 能根据旅游景区景点收集整理相关素材；
2. 能准确地使用讲解方法，技巧娴熟；
3. 能正确地使用景观的鉴赏方法，具有基本的赏析能力。

素质目标

1. 培养学生良好的学习习惯和学习方法；
2. 培养学生具有准确清晰、自然流畅、生动有感染力的语言表达能力；
3. 培养学生与人沟通的能力；
4. 培养学生不断地追求知识、独立思考，勇于自谋职业和创新的能力。

任务一　青藏公路讲解

知识目标

1. 熟知青藏公路的历史沿革；
2. 掌握青藏公路的基本知识；
3. 掌握青藏公路的主要线路图。

技能目标

1. 能对青藏公路进行导游词创作；
2. 能对青藏公路进行导游讲解。

1.情景模拟

时间：2013年8月20日；

地点：前往格尔木市的路途中；

人物：地陪小王；

事件：地陪小王带领一个旅游团队，前往格尔木市的路途介绍青藏公路。

2. 角色扮演

小王:大家好! 韩红的一首《天路》,把我们带到了与天最近的神奇的热土青藏高原,"那条神奇的天路"此刻就在我们的脚下。

_____

_____。

3. 实训提示

青藏公路全长1937km,这条公路于1950年动工,1954年通车。西宁市至格尔木市段路线翻越橡皮山(海拔3800m)、旺尕秀山(海拔3680m)、脱土山(海拔3500m)等高山,跨越大水河、香日德河、盖克光河、巴西河、清水河、洪水河等河流,长782km,其中属于平原和微丘区的里程为564km,属于重丘区的里程为218km,全段海拔为2200~3800m。格尔木市至拉萨市段路线翻越昆仑山(海拔4600m)、风火山(海拔5010m)、唐古拉山(海拔5320m)、头二九山(海拔5180m)等高山,跨越楚玛尔河、红梁河、曲水河、秀水河、北麓河、雅马尔河、通天河等河流,长1161km,其中属于平丘区的里程为1013km,属于重丘区的里程为148km。青藏公路青海境内段长1386km,全段海拔在4000m以上,年均气温-6℃左右。

青藏公路原建标准较低,并且穿行在青藏高原上,沿线气候条件恶劣,地质条件特殊不良,因而,这条公路通车后病害严重,曾不断进行整治和改建。

青藏公路(109国道西宁至拉萨段)北起青海省西宁市,南至西藏拉萨市,为国家二级公路干线,路基宽10m,坡度小于7%,最大行车速度为60km/h。青藏公路西藏境内551km,青海格尔木至拉萨段1140km由西藏管养。青藏公路翻越昆仑山、可可西里山、唐古拉山和美丽的藏北草原,平均海拔4500m以上。

西藏因为地势险峻、高山大川阻隔了它与外界的联系。1950年初,中国人民解放军挺进西藏,这支英雄的军队遵照党中央的号召和毛主席"一面进军,一面修路"的指示,和藏族同胞一起发扬艰苦奋斗的精神,历经艰险、排除万难,在世界屋脊上修通了全长约4360km的川藏公路和青藏公路,使得西藏人民用现代化交通运输取代了千百年来人背畜驮的极其落后的运输方式,开创了西藏交通事业发展的新篇章。

青藏公路是西藏与祖国内地联系的重要通道,承担着西藏85%以上进藏物资和90%以上出藏物资运输任务,在西藏经济发展和社会稳定中发挥着重要作用,被誉为西藏的"生命线",被称为世界屋脊上的"苏伊士运河"。

1984年12月25日,为纪念青藏公路和川藏公路通车30周年,在拉萨建立青藏川藏公路纪念碑,以铭记中国人民解放军的光辉业绩。

4. 阅读资料

全面清点当时修筑青藏公路所用的设备时,我们惊奇地发现,除中央拨款的30万元以外,慕生忠❶将军只得到了从西北军区拨来的1500kg炸药、3000件工兵铁铲、100名工兵和配有一名驾驶员的军用吉普车;再就是充当筑路工的1200名驼工、10辆美制十轮大卡车,还有全线唯一的一名工程师——邓郁清。这些"家当"与我们今天修建青藏铁路的"家当"和投入相比,简直有着天壤之别。

习题

1.撰写导游词,练习讲解景点。

2.请简述青藏公路。

---

❶ 慕生忠被称为"青藏公路之父"。

任务二　青藏铁路讲解

📖 知识目标

1. 熟知青藏铁路的历史沿革;
2. 掌握青藏铁路的重要意义及作用;
3. 掌握青藏铁路之最。

✒ 技能目标

1. 能对青藏公路进行导游词创作;
2. 能对青藏公路进行导游讲解。

1. 情景模拟
时间:2013 年 8 月 20 日;
地点:前往拉萨市的火车中;
人物:地陪小王;
事件:地陪小王带领一个旅游团队,前往拉萨市的路途介绍青藏铁路。
2. 角色扮演
小王:

_____

_____。

3. 实训提示
青藏铁路是实施西部大开发战略的标志性工程,是中国新世纪四大工程之一。该路东起青海西宁,西至拉萨,全长 1956km。其中,西宁至格尔木段 814km 已于 1979 年铺通,1984 年投入运营。青藏铁路格尔木至拉萨段,北起青海省格尔木市,经纳赤台、五道梁、沱沱河、雁石坪,翻越唐古拉山,再经西藏自治区安多、那曲、当雄、羊八井,至拉萨,全长 1142km。其中新建线路 1110km,于 2001 年 6 月 29 日正式开工,2006 年 7 月 1 日青藏铁路试运行。青藏铁路是世界海拔最高、线路最长的高原铁路,展示了崛起中的中国力量。

在青藏铁路沿线可以欣赏到青藏高原壮丽的自然风光,还能品味到充满浓郁宗教气息的藏族文化景观。这里随我细数青藏线上有哪些值得期待的景色。

青藏铁路的起点西宁,也是青藏高原的门户。这里天空呈现出高原特有的湛蓝,空气凉爽通透,是避暑的好地方,被誉为"中国夏都"。对于初到青藏高原的朋友来讲,西宁可是很好的从低海拔到高海拔适应休整的平台。在向西行驶的火车上可以欣赏到有着 2100 多年历史、多民族、多文化相融合的高原古城西宁,穿过高山林立、奇石嶙峋、河水奔腾、风景如画的自古有"海藏咽喉"之称的湟源大峡谷,便是茶马互市的重镇丹噶尔古城。

火车出了丹噶尔古城,向西行驶,便进入了青海省海北藏族自治州境内,越往西走海拔就越高,窗外的景色也由农业区逐渐变成牧业区。在火车上可以欣赏到中国最美的湖泊青海湖,王洛宾先生创作的《在那遥远的地方》的采风地金银滩草原。

过了青海湖鸟岛所在地刚察县就渐渐离开了青海湖景区,到了海西蒙古族藏族自治州。我们将要通过青藏铁路西宁至格尔木段海拔最高的隧道——关角山隧道,海拔 3690m,是当时修筑最艰苦、牺牲最大的工程。出了关角山隧道,植被更加稀疏了,隐隐呈现出戈壁的景致来。

这时列车正驶向德令哈市,"德令哈"是蒙古语,意为"金色的原野"。位于柴达木盆地东北边缘的高原城市,像一颗夺目的夜明珠,镶嵌在浩瀚的戈壁滩上。在距离德令哈市50km的怀头他拉草原上,坐落着两个被当地百姓称作情人湖的可鲁克湖和托素湖,蒙古语的意思分别是"多草的芨芨滩"和"酥油湖"。神秘的"外星人遗址"便在托素湖岸边的巴音诺瓦山上。

当火车驶出德令哈市一直向西飞奔而去,沿途的景色完全是一片戈壁荒漠的景象。当火车来到阿木尼克山便向南行驶,前方就是我国最大的、在世界排名第二的天然盐湖——察尔汗盐湖,它位于青海省柴达木盆地中南部,地跨格尔木市和都兰县,南距格尔木市约60km。而青藏线最壮观的景象之一的用盐修筑"万丈盐桥"就坐落在察尔汗盐湖上,全长32km公里。

再往南行驶我们就来到了青藏铁路沿线除拉萨、西宁外的又一大重要城市——盐城格尔木。火车出了格尔木市30km的地方就是南山口车站,这里就是青藏铁路二期工程格拉(格尔木至拉萨)段的零起点。南山口往南就驶离了柴达木盆地,进入昆仑山脉。这时我们即将领略不冻泉"纳赤台"神奇,青藏铁路在此设有车站,可以让旅客欣赏沿途的美景。随着列车继续向南前行,还有更多的壮丽的景色等着我们。

列车行进到纳赤台的下站玉珠峰站时,可以看到"昆仑六月雪"的奇美景观——玉珠峰,蒙古语称作"可可赛极门"峰,意为美丽而危险的少女。该峰主峰海拔6178m,周围有15座海拔5000m以上的雪山,由东向西排列,远眺犹如玉龙腾飞,山顶上有终年不化的冰川和雪。而与他遥相对望,相距25km的另一个海拔6500多米的雪峰——玉虚峰,就是道家的圣地。

欣赏完昆仑六月雪的雪山美景,列车将要停靠的是昆仑山口,海拔4767m,距格尔木市165km。昆仑山是中华民族的象征,有"万山之祖"的美称。昆仑山西起帕米尔高原,山脉全长2500km,平均海拔5500～6000m,宽130～200km,西窄东宽,总面积达50多万平方公里。孕育出源远流长的昆仑文化。

出昆仑山口向南,便是中国最大、世界第三的可可西里无人区,这里是高原精灵藏羚羊的乐土。这时我们进入了青海玉树藏族自治州境内。铁路通过可可西里无人区,有一段约20km的路程行驶在专为藏羚羊季节性迁徙所留的野生动物通道上,其相当于一座特长的铁路桥。

列车出了楚玛尔河站,距格尔木289km处就是五道梁了,海拔4415m。这里的空气中含氧量很低,被认为是青藏线上最难的地段,很容易使人发生高原反应。通常认为如果能安全度过五道梁,唐古拉山口问题就不大了。下一站就是距格尔木350km处重要的风火山隧道了,这里是列车将要停靠的格拉段的第五站。风火山隧道是现今世界上海拔最高的隧道,海拔4905m,全长1338m,全部位于永久性高原冻土层内。由于特殊的地理位置,这里气候极其不稳定,常年风雪肆虐,地上寸草不生,是一处景象壮观、奇伟的地方。风火山原名"风豁山",因常年大风而得名。1955年,号称"青藏公路之父"的慕生忠将军来此,见一片赤土,寒风呼啸,改称"风火山"。在隧道北口处设有我们的观景区,可见隧道和山浑然一体,山口时常寒风卷雪,云遮雾罩。

过了风火山口下一个比较大的站就是唐古拉山站了,这里海拔4780m,距格尔木417km,在此处可以见到横跨沱沱河的大桥,还有长江源头纪念碑。这一站是列车要在格拉段上停靠的第六站。再往南走,就渐渐进入唐古拉山脉中,地势不像先前那么开阔了,连绵起伏的山峦,被披上高山草甸,柔和得像地毯铺在高原大地上。通天河大桥就在行进路上。通天河也称为"当曲"。沱沱河往下与当曲在沱沱河大桥下游60km处汇合后,正式称为通天河,楚玛尔河也在下游与他们汇合。通天河是长江流经玉树藏族自治州的名字,全长逾800km,穿行于唐古拉山脉和昆仑山脉的宽谷之中。

雁石坪站，这里是个高原小镇，海拔4750m，距格尔木510km。在雁石坪镇的右前方200km左右，就是著名的山峰各拉丹东，藏语意为"高高尖尖的山峰"。各拉丹东雪山海拔为6621m，共有50多条巨大的冰川，是长江的发源地。

唐古拉山口是青海西藏两省的天然分界线。唐古拉山口站的海拔5072m，这里是世界铁路海拔最高的火车站。唐古拉山，藏语意为"高原上的山岭"。其位于青藏高原腹部，西接喀喇昆仑山，东连横断山，全长约1000km，宽约150km。一般海拔5500~6000m。从唐古拉山口出来向南，就正式进入到西藏自治区的那曲地区。"那曲"藏语意为"黑河"，位于西藏自治区北部，东依昌都，南与拉萨、林芝、日喀则相连，西接阿里，北与新疆维吾尔自治区、青海省毗邻，处于青藏高原腹心地带。那曲也被称作羌塘草原，每年8月（藏历6月）举办的赛马节是藏北草原的盛会。若有幸逢时，就可以领略藏北人的热情开朗和能歌善舞。继续南行，可以见到西藏地区富有特色的民居，这就是安多县了。"安多"是藏语，意为"末尾或下部"，安多县海拔逾4700m，距拉萨463km。新中国成立前有江措如瓦、多玛、嘎加、雪钦、雪穷、买玛、扎如、色多8个部落，故又称安多八部。

从安多县出来不久火车就会经过错那湖，"错那"在藏语里是"黑湖"之意，但这绝对是高原没有被污染的湖泊，跟之前所见青海的盐湖完全不同。错那湖在蓝天和草原的映衬下，波光粼粼，一湾碧水就像镜子一样镶嵌在这片高原草场上，让人心中顿生清凉舒爽。下一站就是前面所提到的那曲镇，那曲是藏北重镇，那曲地区首府所在，"那曲"藏语意为"黑河"，海拔4507m，距拉萨338km。过了那曲镇，就会发现草原上的草长得更加茂盛，地上的水分也更多，这里算是到了高原湿地草原了，山也因为这些草显得柔和而润泽。过了那曲就来到了当雄县的当曲卡镇，当雄县位于藏北一大神湖、世界海拔最高的湖泊——纳木错（4718m）的东面，与神湖相距70km，与拉萨相距170km，海拔4300m，也是青藏线沿途的重要一站。"当雄"，藏语译音，意为"被挑选的草场（滩）"。该县处拉萨北部，属于拉萨市管辖。

列车继续往南，经过羊八井镇，人烟更加稠密，进入了半农半牧区，这里是列车一路要停靠西格段的第八站了。羊八井位于西藏拉萨市西北91.8km的当雄县境内。羊八井镇，也是我国目前已探明的最大高温地热湿蒸汽田所在地，地热田面积17.1km²，温泉、热泉、沸泉、喷汽孔、热池、热爆炸穴星罗棋布。过去这里只是一块绿草如茵的牧场，从地下汩汩冒出的热水奔流不息、热气日夜蒸腾。现在位于藏北羊井草原深处的羊八井地热电厂，已是我国目前最大的地热试验基地，也是当今世界唯一利用中温浅层热储资源进行工业性发电的电厂。

过了堆龙德庆，随着河谷越来越宽阔，堆龙曲就汇入了拉萨河，河谷就变成了拉萨河谷，而我们此行的目的地拉萨的布达拉宫的金顶就在我们面前。

除了这些景观，青藏铁路本身也是一道极美的风景。沿途你可以看到青藏铁路第一高桥——三岔河特大桥；青藏铁路最长的清水河特大桥，如同一道彩虹横跨在可可西里无人区；世界上最长的高原多年冻土隧道——昆仑山隧道和世界上海拔最高的青藏铁路风火山隧道及羊八井隧道群等，人类建筑史上的奇迹同样会令你惊叹不已。

4. 知识链接

青藏铁路之"最"

青藏铁路是世界上海拔最高、线路最长的铁路，全长1956km，穿越海拔4000m以上地段960km，其最高点位在海拔5072m的唐古拉山口。

世界最高的高原冻土隧道——风火山隧道

风火山隧道海拔4905m,全长1338m,全部位于永久性高原冻土层内,是目前世界上海拔最高、横跨冻土区最长的高原永久冻土隧道,有"世界第一高隧"之称。来到风火山隧道,首先被隧道口前那巨幅对联所吸引:"乘白云抚蓝天搏击雪域缚苍龙,踏清风邀明月洞穿世界最高隧"。风火山地区气候环境极为恶劣,年平均气温-7℃,最低气温达-40℃左右,严寒、缺氧。风火山隧道被列为青藏铁路全线重点工程之首,被称作"天字第一号工程"。

世界最长的高原冻土隧道——昆仑山隧道

全长1686m、海拔4648m的世界最长的高原冻土隧道——昆仑山隧道洞口六月飞雪,一天四季,高寒缺氧,氧气含量只有内地平原地区的一半,最低气温达到-30℃以下。昆仑山隧道于2002年9月25日贯通。

世界海拔最高的火车站——唐古拉车站

唐古拉车站位于唐古拉山垭口多年冻土区,占地面积约7.7万平方米,设计为三股道。唐古拉车站主要为适应列车会让的需要,车站由中铁十八局下属的第六项目部承建。根据这个车站所处的地理位置及地质特点,工程设计中采用了片石通风路基。这种设计可以使冻土温度保持相对稳定,以减少对冻土的扰动,达到有效保护冻土的目的。唐古拉车站于2004年8月建成,成为千里青藏线上的一大景点。

世界最长"代路"桥

清水河特大桥位于海拔4500m左右的可可西里无人区,全长11.7km,是青藏铁路线上最长的"以桥代路"特大桥,也是整个青藏铁路格拉段建设的重点控制工程。在巨龙般逶迤而去的大桥下,各桥墩间的1300多个桥孔可供藏羚羊等野生动物自由迁徙。在神秘而美丽的可可西里无人区,清水河铁路桥已经成了一道迷人的风景线。

世界最大冻土研究基地

为了攻克冻土难题,自青藏铁路开工建设以来,铁道部高度重视青藏铁路冻土攻关难题,先后安排了上亿元科研经费用于冻土研究,并组织多家科研院校的专家,对青藏铁路五大冻土工程实验段展开科研攻关,获得了大量科研数据和科研成果。青藏铁路冻土攻关借鉴了青藏公路、青藏输油管道、兰西拉光缆等大型工程的冻土施工经验,并探讨和借鉴了俄罗斯、加拿大和北欧等国的冻土研究成果。目前,我国科学家采取了以桥代路、片石通风路基、通风管路基、碎石和片石护坡、热棒、保温板、综合防排水体系等措施,冻土攻关取得重大进展。青藏铁路的冻土研究基地已成为中国乃至世界上最大的冻土研究基地。

亚洲最大的高原铁路铺架基地

从青藏铁路格拉段的起点格尔木市向南行进约30km,就来到了中国铁路建设史上规模最大、档次最高的高原铺架基地——地处海拔3050m的青藏铁路南山口铺架基地。青藏铁路南山口铺架基地规模之大、技术含量之高,在中国铁路建设史上都居首位。

青藏铁路第一高桥——三岔河大桥

从昆仑山北缘的纳赤台上行15km,一座雄伟的大桥拔地而起,像巨人的双臂托起飞驰而来的列车,这座大桥就是青藏铁路沿线最高的大桥——三岔河大桥。三岔河大桥全长690.19m,桥面距谷底54.1m,是青藏铁路全线最高的铁路桥。它共有20个桥墩,其中17个是圆形薄壁空心墩,墩身顶部壁最薄处仅有30cm。三岔河大桥地处海拔3800m左右的高山峡谷中。

环保投入最多的建设工程

青藏铁路建设面临着脆弱的生态、高寒缺氧的环境和多年冻土的地质构造三大世界铁路建设难题。为了保护高原湛蓝的天空、清澈的湖水、珍稀的野生动物,青藏铁路仅环保投入就达20多亿元,占工程总投资的8%,是目前我国政府环保投入最多的铁路建设项目,并在全国工程建设中首次引进环保监理,首次与地方环保部门签订环境保护责任书,首次为野生动物开辟迁徙通道。位于可可西里国家级自然保护区的清水河特大桥,就是青藏铁路专门为藏羚羊等野生动物迁徙而建设的。

长江源头第一铁路桥

站在"长江源"环保纪念碑前遥望沱沱河,只见一根根桥墩静静地伫立在河水之中,清澈的水流绕过桥墩向下游流去,这里便是长江源头的第一座大桥——长江源特大桥所在地。

长江源特大桥全长1389.6m,共有42孔,跨过约1300m的宽阔河床。桥址所在的沱沱河流域是青藏高原多年冻土地区腹部的大河融区,兼有冻土及融区的双重特性,给施工带来了一定困难。

5. 阅读资料

(1)青藏铁路大事记。

20世纪50年代,中央决策:要把火车修到拉萨。

1956年开始,铁道部第一勘测设计院即对从兰州到拉萨的逾2000km的线路进行了全面的勘测设计工作。

1973年,毛泽东在接待来访的尼泊尔国王比兰德拉时表示,要加紧修建青藏铁路。

1973年11月26日,原国家建委在北京召开了青藏线协作会议。党中央、国务院领导多次作重要指示,要求加快工程进度,争取提前完成。

1984年,青藏铁路西宁至格尔木段建成通车。

1994年7月,中共中央、国务院召开第三次西藏工作座谈会。会上再次提出修建进藏铁路,并得到了时任中共中央总书记江泽民的肯定。会后转发了座谈会纪要,明确提出"抓紧做好进藏铁路建设前期准备工作"。

1995年,铁道部开始组织进藏铁路的论证工作。

1996年,八届全国人大四次会议通过的《关于国民经济和社会发展"九五"计划和2010年远景目标纲要》提出,21世纪前10年进行进藏铁路的论证工作。

2000年3月7日,国家计委有关人士在九届全国人大三次会议记者招待会上提出,要加快"进藏铁路"、"西气东输"等重大工程的前期工作。

2000年11月,时任中共中央总书记江泽民对建设青藏铁路做了重要批示。

2000年12月,国家计委在京召开青藏铁路汇报论证会,正式向国务院上报青藏铁路项目建议书。

2001年2月8日,国务院总理办公会议听取了国家计委关于建设青藏铁路有关情况的汇报,对青藏铁路建设方案进行了研究,同意批准立项。

2001年6月29日,中央政府决定投资262.1亿元,修建青海格尔木至西藏拉萨的铁路。青藏铁路开工典礼在青海省格尔木市和西藏自治区首府拉萨同时举行。

2002年5月,青藏铁路冻土试验全面铺开。

2003年3月,青藏铁路铺轨穿越昆仑山隧道。

2003年6月,世界海拔最高的唐古拉山车站开工。

2003年8月,青藏铁路铺架工程成功通过可可西里无人区。

2004年5月,青藏铁路建设形成整体推进态势。

2004年7月,青藏铁路正线铺轨450km。
2005年8月,全线路基、隧道、桥涵等线下工程基本完成。
2005年8月24日,铺轨通过唐古拉山,10月12日全线铺通。
2006年3月1日货物列车工程运营试验。
2006年5月1日不载客列车工程运营试验。
2006年7月1日全线开通试运营。

(2)青铁列车情况。

根据青藏铁路的气候、环境和雪域高原风光,青藏铁路旅游观光列车的整体设计既体现了现代化、舒适性,又在技术上重点解决了适应高原自然环境和恶劣气候的运营条件。首先是满足供氧要求,列车采用弥散式供氧与分布吸氧相结合的方式,在整体上既提高了车内氧气含量,又保证了旅客补充吸氧的需要;其次是满足环保要求,全封闭式的车厢内,装有废物、废水和垃圾回收装置;三是列车在电气和非金属材料等的选用上,满足了青藏高原特殊环境的要求。

青藏铁路旅游观光列车是目前国内最先进的,卧车设有带洗浴设施的包房,餐车提供餐饮服务。观光车上有宽敞的玻璃、舒适的座椅,客车内部装饰既豪华现代,又充分展现青藏地区的民族风情,旅客可以尽情观赏沿线风光。车内除配备供氧设备外,还预备配置医务人员、器械及药品,建立游客生命保障系统。

列车在一般路段的速度达到每小时120km,从格尔木至拉萨的乘车时间不会超过12h。

(3)青藏铁路的重要性。

青藏铁路是条具有划时代意义的经济线、文化线。青藏铁路全线贯通,有利于增进各民族团结进步和共同繁荣,促进青海与西藏经济社会又快又好发展产生广泛而深远的影响。有利于促进西藏工业、旅游业等产业的发展,优化西藏的产业结构,实现我国地区经济的平衡、协调发展;有利于西藏矿产资源的开发,发挥资源优势;有利于降低进出西藏货物的运输成本,提高经济效益;有利于西藏的对外开放,加强与其他地区及国外的经济交流与合作;有利于西藏市场机制的发育和人们市场意识的增强,促进经济的发展;有利于西藏人民生活水平的提高和全国人民的共同富裕。有利于促进我国各民族的共同繁荣,进一步巩固平等团结互助的新型民族关系;有利于我国边疆的稳定和国防的加强;有利于少数民族人民当家做主地位的体现和国家政权的巩固。

习题

1. 撰写导游词,练习讲解景点。
2. 青藏铁路的意义和作用是什么?
3. 请简述青藏铁路概况。

附 录

任务考核表

班级：　　　　　日期：　　　　　姓名：　　　　　学号：

项　目	要　求	满　分	得　分
礼节礼貌	仪容仪表（头发、面容、手、指甲、服饰等）	10	
	行为举止（坐、立、行、手势、表情、礼貌用语等）	10	
角色扮演	书面材料（能完成规定的书面材料）	10	
	配合默契（角色之间配合自然流畅）	10	
	知识运用（能正确运用相关专业知识）	10	
	任务完成（能够完成特定情境下的工作任务）	10	
	学习态度（专心致志）	10	
师生互动	言之有理（针对问题能提出有价值的观点）	10	
	表达准确（口头表达能力）	10	
	参与热情（参与课堂的积极性）	10	
	总分	100	
个人小结			

参 考 文 献

[1] 吴有忠.青海导游词[M].西宁:青海人民出版社,2001.
[2] 王予波.青海省情教育读本——大美青海[M].西宁:青海人民出版社,2010.
[3] 吴大伟.青海导游解说词[M].西宁:青海人民出版社,2009.
[4] 先巴,孟涛,等.导游基础[M].西宁:青海人民出版社,2009.
[5] 李琼,刘海玲.旅游职业道德与服务礼仪[M].西宁:青海人民出版社,2010.
[6] 青海省旅游局导游人员考评委员办公室.青海省导游人员资格考试面试指南.青海省旅游局,2010.
[7] 卢方.走进藏传佛教圣地——塔尔寺[M].西宁:青海民族出版社,2005.
[8] 杨贵明.青海名胜[M].西宁:青海民族出版社,2001.
[9] 《中国旅游指南》编委会.中国旅游指南青海[M].北京:中华书局,2002.
[10] 李选生.青海旅游实用指南[M].西安:西安地图出版社,2001.
[11] 傅远柏.模拟导游[M].北京:清华大学出版社,2010.